U0864840

铁葫芦

美好年代：

写给艺术家的21封信

罗婉仪 著

百花洲文艺出版社

图书在版编目（CIP）数据

美好年代：写给艺术家的21封信 / 罗婉仪著. 一南昌：百花洲文艺出版社，2016.12

ISBN 978-7-5500-2050-4

Ⅰ.①美… Ⅱ.①罗… Ⅲ.①艺术家—生平事迹—世界 Ⅳ.①K815.7

中国版本图书馆CIP数据核字（2016）第317365号

江西省版权局著作权合同登记号：14-2016-0430

出 版 者　百花洲文艺出版社
社　　址　南昌市红谷滩新区世贸路898号博能中心1期A座20楼　邮编：330038
电　　话　0791-86895108（发行热线）　0791-86894790（编辑热线）
网　　址　http://www.bhzwy.com
E-mail　bhzwy0791@163.com

书　　名　美好年代：写给艺术家的21封信
作　　者　罗婉仪
责任编辑　余丽丽
经　　销　全国新华书店
印刷装订　北京市雅迪彩色印刷有限公司
开　　本　880mm × 1230mm　1/32
印　　张　8.25
字　　数　150千字
版　　次　2017年3月第1版
印　　次　2017年3月第1次印刷
书　　号　ISBN 978-7-5500-2050-4
定　　价　46.00元

赣版权登字：05-2016-424

21 Januari 82

Waarde Heer,

Nu de week om is schrijf ik u maar weer eens.
Ik heb gewerkt iederen dag met model gehad van
's morgens tot 's avonds en het model is goed.
Mauve is eens komen kijken & de Heer Tersteeg ook
en daar ben ik blij om.
Nu heb ik al dien tijd enkel met waterverf gewerkt
en ik krijg daar hoe langer hoe meer plezier
in.
Wat zou ik graag hebben dat gij eens hier
waart ik zou u zooveel te zeggen & te vragen
hebben. Zoudt gij in 't voorjaar weer
komen? Weet gij het niet wat vooruit. —
Nu is 't geen ik heb gemaakt nog niet goed
& nog lang niet maar het is weer iets anders
en het is wat sterker en frisscher van kleur & geest
dan verleden
Nu hoop ik dat gij mij spoedig weer eens
schrijft. Ik wel bepaaldelijk dat wij probeeren
een afspraak te maken omtrent het geld.
Want ofschoon ik met knappe maanden voor me
zelf wel zou kunnen rond komen het is een heele
andere kwestie wanneer ik voortdurend dagelijks
mijn model moet betalen en moet te eten geven
En dan de onkosten van verf van
&c &c.
papier &c. Ik heb het u reeds in mijn
vorig schrijven gezegd dat het daarvan afhangt
of ik full speed of half speed werken kan.

目　录　Contents

21 × Letters

导读：美好年代的纸上沙龙

文 / 李梅龄

19世纪末20世纪初是西方文明史上的美好年代（Belle Époque），举凡文学、绘画、雕塑、音乐等各种创作领域都是新秀辈出、思潮翻涌、轶事传颂不断的宏观格局，而当时各艺文人士日常往来的书信，也就成为记录这美好年代不可或缺的线索，尤其是聚集诸多新锐精英的艺文沙龙所流传的奇闻妙事，更能串联出不同领域相异风格人士之间的认知与思辨过程。格特鲁德·斯泰因当时在巴黎的居所即为最出色的沙龙平台之一，同她往来与受其赞助的艺文新秀日后多为各领域的领航巨擘，当然她也是20世纪上半叶美国文学史上不能不提的人物。

格特鲁德生于美国匹兹堡一个富裕的德国犹太家庭，和美好年代里许多对欧洲文明怀有美好憧憬的文艺青年一样，她二十八岁即从约翰·霍普金斯大学辍学，前往巴黎寄居在她二哥利奥的住所。利奥专注于研究与购买当时的欧洲艺术作品，格特鲁德很快就急追直上，成为当时巴黎前卫艺术家的重要赞助者。当然，她自己的文学创作也未曾停歇。随后，她的大哥迈克尔与大嫂莎拉也自美国迁居巴黎。斯泰因家族成员在往后所赞助或购入，或以家族成员为题材的艺术作品超过四百五十件，许多皆为各知名艺术家的代表性作品。这些作品日后虽然大多散藏于世界各大博物馆，但“斯泰因家族藏品”的声誉始终长留史册，并成为各大博物馆最为关注的策展题材之一。

“大家都说她不像画上那样，不过一点都没关系，她会像的。”这句话是二十四岁的毕加索为三十二岁的格特鲁德画像后，面对众多“画非所像”的质疑时所发表的声明。这段话日后不但被格特鲁德用在她所撰写的《毕加索》一书中，也出现在她最知名的文学作品《爱丽丝·B. 托克勒斯的自传》(*The Autobiography of Alice B. Toklas*)中。这本以爱丽丝自传为名的作品，事实上是格特鲁德的伴侣爱丽丝打字，内容全出自格特鲁德之手，叙述她自己在巴黎三十多年社交生活中的见闻与轶事。例如，她曾对海明威说：“你们是失落的一代(lost generation)。”这句话被海明威用于他的知名小说《太阳照样升起》(*The Sun Also Rises*)的扉页题词。当时与她往来的众多文青人士，日后一一现影在知名的电影《午夜巴黎》(*Midnight in Paris*)中。总之，这本表面是爱丽丝、骨子里其实是格特鲁德的自传不但是传奇时代的传奇纪录，也是同志文学中的经典。至于她的那幅画像，那幅她摆了近百个姿势，最后定案于身体往右斜侧45度，眼神专注地望向右前方，暗灰素衣，右手缓置双腿之间，左手夸张地放在左大腿上，霸气地斜撑住整个身体重心的画，那幅与她越来越像的肖像画，跟随她直至临终。爱丽丝依其遗嘱，将画捐给了美国纽约大都会美术馆，于是那幅画也成为这所世界四大博物馆之一收藏的首幅毕加索作品。

1905年，格特鲁德除了忙于写作、社交与摆摆姿势让毕加索为她画像之外，也在和利奥商议后买下了画家马蒂斯的作品《戴帽子的女人》，这幅与《奢华、平静与快感》《生活的欢乐》都是画家当年参展秋季沙龙时广受恶评的作品，除了画风被形容成如同野兽般之外，更被视为是对观者的侮辱，如同“将油彩泼到大众的脸上”。百年前，要观众接受鼻梁上一道绿色油彩，脸庞杂色率性的女子画像，本非易事，更别说购买了。虽然价格并不高，但格特鲁德要拿美国家产的出租所得来买这件备受疵议的画作，也是需要敏锐的决断力的。在争议与肯定的拉扯中，野兽派艺术家自此进入昂首而立的时代。与美国其他在欧洲的收藏家（古根海姆家族、洛克菲勒家族、巴恩斯等）或艺术赞助者相比，斯泰因家族所关注的对象更偏向于当时的前卫人士，而不分创作的题材和领域。这一点在《爱丽丝·B.托克勒斯的自传》中有许多风趣机智的叙述，由此可以管窥出格特鲁德对于艺术在时代变化中的睿智洞察力。

格特鲁德也把她对画家塞尚的认知印证到她的写作中，塞尚是反复观察物体，将形与色在不同空间、不同视点中和谐呈现，她则是让文章中的每字、每句、每一处标点符号、每一段落、每一空白，都是一样的平等、一样的重要。当她与兄长们将购入的艺术作品分家时，她要了塞尚的全部画作，除了一幅利奥坚持不肯放手的画着五粒苹果的静物画。的确，她的写作强调当下与现在，不用常规的文法结构，用她感觉自由的文字书写，文字如同发展进行中的旋律，重复、穿插、流动…… 印证了她“达达之母”的称号。

本书作者以不同时空、不同女性与艺术家的身份撰写信件，写给20位19世纪末至20世纪30年代的艺术家，宛如格特鲁德当年汇聚各方艺文精英的艺文沙龙。这本纸上文字沙龙，包含了很多轶事和艺术家的小故事，由“现代绘画之父”塞尚开始，以印象派女画家莫里索结束，其中涵盖印象派、立体主义、表现主义、装饰艺术、分离派、新艺术运动、未来主义、抽象主义、风格派、达达运动、超现实主义等各流派的精英。其中14位是男性艺术家，6位是女性艺术家，问答之间，借着文字，重现那个时代的文化氛围，也遥向当时爱艺术、爱文学的格特鲁德致敬。

01

自 序

——给爱丽丝 · B. 托克勒斯的一封信

作者

致

爱丽丝·B. 托克勒斯（Alice B. Toklas，1877—1967）

美国格特鲁德·斯泰因的伴侣

亲爱的爱丽丝·B. 托克勒斯女士：

两年前的夏天，一个下雨的黄昏，台北，我见到你——在电影《午夜巴黎》中——你看起来是那么瘦小，只有几个镜头、几秒的出现。我也看到你的伴侣格特鲁德·斯泰因。跟你相反，斯泰因看起来是那么强壮，精力充沛，对周边的人都关心、感兴趣，扮演着好些文化人围绕的核心。所以，电影中想写小说的男主角为得到她的意见而趋之若鹜、受宠若惊。美国演员凯茜·贝茨的扮相、性格演绎跟斯泰因大抵有几分相似。但扮演你的演员Thérèse Bourou-Rubinsztein——我在网络上搜看有关她的资料，锲而不舍地，但徒劳无功——无论是国籍、年龄、曾扮演的角色，甚至样貌，都无甚记载。一位如此低调的女子，引人遐想。这跟你在《爱丽丝·B. 托克勒斯的自传》中的角色形态一脉相承。

顾名思义，《爱丽丝·B. 托克勒斯的自传》，是你写的自传，或是有关你的传记。但这自传或传记中，你以主人翁的身份，大量侧写你的伴侣斯泰因的故事。事实上，这自传或传记，是斯泰因以你的身份设身处地去记述她自己的故事。换句话说，她书写自己的故事，是以第三人称的口吻来记述——《爱丽丝·B. 托克勒斯的自传》，其实是她的自传。

自传的主人翁不是作者本人，而作者也不把自己的名字放在自传的书名上。一个看似纠结难明的布局与逻辑。

自传者，自传的主人翁，是为作者，同一个人。这里，自传的作者跟主人翁，是两个人。我的自传，以你之名来记述，以你之名来命名，我来签名，是为作者。你的自传，我来写，以你之名来写你，实际是写我。斯泰因把传统自传体裁的信条，打破得体无完肤。

她的这一创作形式，别具野心。这个1903年至1932年发生在巴黎的故事，她手写下来而由你用打字机打下——听说她的字迹难看极了——也就是说，你在重写她的手稿，你一字一句地在翻看、记录她所写的自传故事，你自传口述者的身份名正言顺。斯泰因是托克勒斯，托克勒斯是斯泰因。我的身份，可以变身或复制为另一个自己。我是你/你是我/她是她。我所写的文字，都是有关我们的文字，是关系着我你她的文字。这里，你（她）讲话，另外一个她（托克勒斯）讲话。另外一个她（托克勒斯）在讲她（斯泰因）的话。或者可以这样说：我没有直接写你，但，每当我写有关你或他/她，我大概在写有关你/他/她，而同时也在写我。换句话说，无论我写谁，都是在写自传式的自己。

的确，讲自己，要有一个距离。讲自己，离不开周边的人与物的联系。讲自己，不及别人的描述来得立体。斯泰因成功地把自己的角色以她者的身份出现：我是怎么样的，我代你说吧。

有关自传，我自己有这么一个故事。我是画画的。我画我自己的手。我在纸张上画，我也在布簿上画。我画的有大也有小。不多久，我画的手很不少了。有朋友问：你画那么多手，可有自传的意味？我愣了愣：没有，那只是贪方便、贪其难画。是的，画手，因为方便：右手画左手，或者放一面镜在前方，对着双手，画左、右手都可以，虽然反了方向。这个年代，可以用照相机把手拍摄下来，方便对照临摹——我把照相机放置好，对着我摆放双手的距离对焦，按下十秒自动快门，我走回到对焦点，双手模拟一个在工作的姿态——咔嚓，一张。我再模拟别个工作的姿态，又一张。事实上，任谁的创作，无论是何种形式，总会有点自传的况味。美国作家苏珊·桑塔格曾这样描写法国哲学家罗兰·巴特：“他的隐私感是通过表现癖表达出来的。写自己，他每每用第三人称，仿佛把自己看成一部虚构的作品。”这吊诡而精辟的形容，让我不能反驳。某种程度上，我是凭借绘画我的手来呈现我——我那被形容为“不女性化”的手——画那么多的手，就是想证明这是我的手。画我的手就是画我，我“女性化”或“不女性化”都没关系。我的确是很有自我表现癖。想来斯泰因也是一样。

看你的自传，即是看你的伴侣的传记。事实上，也等同看了一章现代艺术/艺术家的故事。

20世纪初，你从美国来到法国巴黎。你认识了斯泰因。你被她吸引，而她被当时新颖的五花八门、目不暇接的艺术文化所吸引。她的住所花神街27号是沙龙平台。在你的自传即她的故事中，起居室的墙壁至天花顶都挂满了画。按你说她写的，墙上的画的放置，要让画家们感觉受到重视——在电影里，巴勃罗·毕加索画斯泰因的肖像就放在最明显不过的位置。是的，作家诗人画家摄影师评论人不具身份的年轻的不那么年轻的有名气的想有名气的，都在巴黎或这个沙龙平台团团转，热烘烘的：他们都很高兴，那么高兴。我们得要再去取面包，你知道法国嘛！他们喝酒进餐都不能没有面包。那时候毕加索住在蒙马特，我们去探望他，大家都站着说话，后来我发现所有人都是这样站着几个小时说话或不说话；在秋季沙龙中，我们看到亨利·马蒂斯的《戴帽子的女人》（*Woman with a Hat*）；安德烈·德朗开始画风景，他的空间感强，他的作品在独立沙龙中被人认识；谁人先把这形容为立体主义的我不知道，但很可能是纪尧姆·阿波利奈尔；马克斯·雅各布跟毕加索并不处得来；大概就在这个时候，未来主义——意大利的未来主义，在巴黎有一个大型展览引来很多回响；胡安·格里斯尝试使画的表面看来实在，而那实在的东西就是涂画在画上的字母；这时是乔治·布拉克跟毕加索最亲密的时候，他们开始把不同乐器放到画上；布拉克说，他们都是经常碰到的那些人，都在什么预展什么秋季沙龙中出现；特里斯唐·查拉第一次来到巴黎，他跟弗朗西斯·毕卡比亚搞达达运动，由达达争论挣扎发展至超现实主义；马塞尔·杜尚很失落，他去了美国，在那里展出《下楼梯的裸女之二》（*Nude Descending the Staircase, No. 2*）；法国画商保罗·杜兰德-鲁埃尔因为支持印象主义画家，两度破产；斯科特·菲茨杰拉德是唯一写得如此自然的年轻作家；欧内斯特·海明威说，毋庸置疑我要做个作家。那些日子，在巴黎，大家是不会挂电话的……

斯泰因爱艺术、爱文学。她对现代艺术文学事业的态度开放，她当画家、作家的赞助人，她购买当代和以前的画家的作品，她爱毕加索，她也爱保罗·塞尚。当她跟兄长把购入的艺术作品分家的时候，她保存了所有塞尚的画作——除了画有五个苹果的一幅油画。的确，法国画家塞尚的画对她影响至深：画布上的每一寸丁方都是那么重要；画面上可见的都是一样的（平等）。塞尚在画布上的平等概念，她印证到写作上：文章的每字每句，每一标点符号，每一段落，每一空白，都是一样的平等，同样的重要。只有内心深处有这平等的概念，才得以把这素质显露出来。她这样形容。

斯泰因说：当代艺术与文化的种种面相太相似，没有为大众提供多元的阅读。的确，相对大部分同期的作家，她的书写不按本子办事，她不用常规文法结构，她把理性的语言重整—— To write is to write is to write is to write is to write is to write is to write is to write ——她重复、穿插、断续、流动、跳跃。她写的不是直线或单向发展，那像一篇立体主义风格的文字。她讲直觉，她调侃，她重视声音节奏。她强调当下、现在。她的书写中有很多现在式–ing。她的现在是进行中的、持续的、发展的。当代美籍越南裔电影创作人郑明河说：故事的视界是无尽头的——无尽头、无中间转折、无始起、没有开始、没有停顿、没有发展……那是一个疯女子的视界想象。换句话说，女人（爱）说故事，女人的故事，得由她用她感觉自由的语言来书写，疯一点：即兴、互动、变化、灵活、流动、随心。当然，斯泰因对女性的处境或不感兴趣。我知道，她惯常跟男性走在一起——你在她写你的自传中说：我跟天才们，真正的天才们的妻子，不，不是真正的妻子在一起。还有，我跟天才们，不，不是真正的天才们的真正的妻子在一起。我还有和天才们，差不多是天才们的妻子在一起。简单说，我跟很多天才的妻子们在一起，经常的，而且待在一起很久。你说：这样，斯泰因就能跟天才们和不很天才的天才们碰面聚头畅谈交流。是的，海明威曾写道：爱丽丝一边造绒绣，一边在关顾着饮食，一边在跟我的妻子聊天；她跟另一位女士说话的同时，她在聆听另外两位女士的谈话，且不时打断那她本来没有参与的……是的，爱丽丝经常跟妻子们说话。女士们总是坐在一起（被放在一旁）的。

当代美国艺术历史学者琳达·诺克林指出，在一般情况下，女性艺术家都被看成是较靠近其他同代的男性艺术家或作家；即女性变成男性的附属。诺克林在20世纪70年代写了一篇《为什么从来没有伟大的女性艺术家？》（*Why have there been no great women artists?*）的文章，娓娓道出女性如何长期处于不平等的社会制度下的不利位置。但，女性从不缺席——她或被称为某某画家的女儿或妻子，她的透视和明暗对照等技巧或被称羡，她大抵被形容为表现主义或装饰艺术风格或超现实主义或印象主义等代表人物。是的，女性从不缺席——艺术历史档案里，女性或被边缘化或不被收编，但几百年下来，她们拒绝男性世界的视角，画下了不一样的宇宙和灵魂。

是的，艺术世界充斥着男性，女性的处境险象环生。但，能够碰面聚头畅谈交流，那是一个良好的平台，一个让创作人感到宽慰安全的地方，一个20世纪初及以前一些重要艺术作品的沙龙与堡垒。第二次世界大战前后，因为得到当时支持纳粹主义的法国维希政权的高官的保护，斯泰因拥有的许多艺术作品都得以保存下来。据说，斯泰因曾经帮维希政权翻译长篇且激烈的反犹太主义演说词——但，她就是犹太人——她甚至曾声称希特勒应当获颁诺贝尔和平奖。

和平的本义是什么——斯泰因的画家好朋友毕加索曾说：艺术不是用来装饰房间的，它是一件防御敌人冒犯的武器。1937年4

月，德国纳粹轰炸西班牙北部小城格尔尼卡，毕加索画大幅的《格尔尼卡》（*Guernica*）放到巴黎世界博览会。我相信，毕加索早已在祖国马德里看过前辈画家弗朗西斯科·戈雅如何绘画反抗法国侵略的场景。是的，艺术家反对战争、反对侵略，关心社会关爱人，他的作品介入社会，他的作品描画他的时代、反映他的立场。你在自传中提到，大概第一次世界大战后，斯泰因跟毕加索没有见面了，尽管他们在朋友面前仍然提及双方温馨的友谊。你没有说明他们不再交往的具体原因。你的自传止于1932年。众所周知，这是毕加索的丰收期，他在很多地方举办展览。是的，第二次世界大战前，危机处处，人心惶惶，人们仍活在美好中。至少，仍希望活在美好中。

我们渴望和平，追求美好——在我先前提到的电影里，活在21世纪初的男主角向往过去：20世纪初，美好年代（Belle Époque），在巴黎。活在20世纪初，跟可可·香奈儿学习时装设计的女主角则认为19世纪末好，那时候有高尚优雅的美心餐厅、新艺术运动装饰性设计的红磨坊（Moulin Rouge）、华衣美服、陶醉糜烂的生活，即如路上的街灯、书报摊、马、马车等都让人感到精致感性，当然，还有绅士画家埃德加·德加、亨利·德·图卢兹-洛特雷克和保罗·高更，一切都在巴黎。但三位印象主义和后印象主义画家却扬言文艺复兴是最美好的时代。巴黎，波希米亚，够不上格。看来，各人对各自的当下都不那么感到味儿——过去、美好，错过了，或没有来得及出生。或者，我们都是失落的一代。尽管海明威说太阳照样升起。尽管斯泰因指着海明威说：你就是失落的一代。尽管海明威对如此的批评很不以为然。美好与和平，艺术和文化，那么遥远吗？

我很久没有画画了。吸引我的西方艺术，一部分来自言语（声音），一部分是符号（文字）。对我来说，书写是一种变体的视觉艺术。我想写得如画者。我想写得如画。某种程度上，你的自传对我有一份吸引，但你不是执笔的那一位；也因为你不是执笔的那一位，更引人入胜。法国哲学家雅克·德里达指出：视觉艺术是一种形式的写作。换句话说，视觉艺术，是书写艺术。我大胆延伸一句：文字书写是一种形式的视觉艺术。即有关书写文字的、有关文字符号的，可以是视觉艺术。打从“现代绘画之父”塞尚伊始，艺术家或拒绝予艺术作品具体内容的描述，或反对外在的诠释，如此，艺术家呈现在作品中复杂的情绪、多层次的感觉，大抵变得不易懂，且难以接近。但，艺术从来不是独立于生活的，艺术家大多是从生活出发、走进社会、参与文化与政治的，他/她们创作的是对一个时代的描绘或一个立场的反映。先前提及的哲学家巴特曾说：我以谈论文学的形式来创作文学。我大胆设想：我以说说艺术（的形式）来创作艺术——20世纪初的巴黎是如何美好的年代——我想看看艺术家如何活在当下创作美好，我想看看艺术家如何以非文字语言呈现他/她们的生活经验和感觉，如何教人张开眼睛：看画的画面、感触画的周边、思考画的背后，教人如何用心去听：打开那锁住了的、遗忘了的触觉——而这，跳跃于不同时空，以汝之名、她或她的。

这里，送你一幅我的自画像。

yy

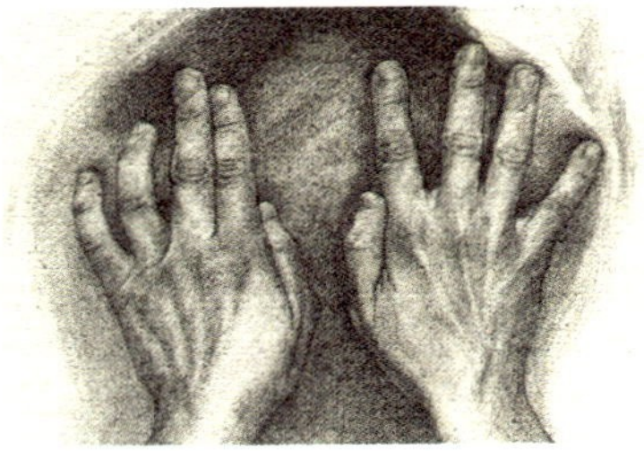

我画我自己的手

02

保罗·塞尚×乔瓦娜·加尔佐尼

发信人

乔瓦娜·加尔佐尼（Giovanna Garzoni，1600—1670）

意大利 巴洛克画家

收信人

保罗·塞尚（Paul Cézanne，1839—1906）

法国后印象主义

亲爱的保罗·塞尚先生：

你好。很冒昧给你写这一封信。我的名字是乔瓦娜·加尔佐尼，我是意大利人。我是画画的——17世纪中期，我是几个名门贵族——如美第奇家族——御用的画家，画水果静物，有时候也画人物。我在羊皮纸上画。我画得写实细致、色调明快、平衡和谐——后人称为巴洛克风格。这，我知道你是懂的。

有关水果的绘画，我很感兴趣。我听说你画有五个苹果的一幅油画，曾被一位美国绅士利奥·斯泰因先生收藏——我得把事情说得清楚一点——1903年，斯泰因先生跟他的妹妹格特鲁德·斯泰因女士从美国来到法国巴黎，住到花神街。几年前在意大利佛罗伦萨的时候，斯泰因先生已经看过你的画；来到巴黎后，他们在画商安博洛伊斯·沃拉德先生的藏品中看到你的作品，非常喜欢。他们买你的风景画，然后是画有裸体的女子，他们也买你画的人像。几年下来，他们购买了不少你的作品。事实上，花神街的住所已成为一个展示现代艺术作品的场所，很多画家作家诗人什么的都慕名到来，看你和其他人的画。我听说，一位名叫亨利·马蒂斯的法国画家，拥有一幅你画有几个在户外洗澡的裸体女子的画；那个时候，马蒂斯先生生活拮据，但他仍要买下你的画，他实在需要它，他真的需要你。我知道，你的画对喜爱写作的斯泰因女士也是影响至深的。你说：画布上的每一寸丁方都是那么重要；画面上可见的，都是一样的平等。她把你这在画布上的平等概念印证到她的写作上：文章的每字每句、每一处标点符号、每一段落、每一空白，都是一样的平等、同样的重要。事实上，你的一幅人像画，她一天复一天地看，就写了第一本书《三面夏娃》(*Three Lives*)。1914年，兄妹二人要把购入的艺术作品分家，协商后，斯泰因女士保存了西班牙画家巴勃罗·毕加索和你的画——除了一幅你画有五个苹果的作品，斯泰因先生执意拥有它。

我很好奇，究竟是你哪一幅五个苹果的画，如此让人着迷——事实上，你画有很多苹果，和其他许许多多的水果的画。

的确，你画有很多水果。你画的水果种类多，颜色丰富；你的苹果有青的，有红的，有黄的，一个一个，叠着，圆浑厚熟。那苹果旁边有柠檬，或者几只西洋梨，西洋梨有绿的，有黄的，有绿中带点黄或者黄里有一小撮粉橙，西洋梨堆侧有一只水瓶，水瓶后或有一樽酒，放置在一张木桌上，木桌上或垫有一幅布，布是白色的，

保罗·塞尚《苹果静物》（*Still Life With Apples*，*1890*）

随意覆叠，承托着一碟樱桃，还有一碟桃，桃的周围有几只苹果，苹果叠着，有青有红有黄。

画面上的苹果，厚熟圆浑，让人垂涎：真想咬它一口。但你画的苹果，我不忍心吃下——好的东西，我大都留下来，舍不得食用或穿戴。

1906年，被称誉为“现代绘画之父”的你过世。第二年，一个有关你的大型回顾展在巴黎举行。但谁可以想象，巴黎画坛曾经拒绝你，而且是狠狠的。1861年，你从出生地普罗旺斯艾克斯来到巴黎——你的作家好朋友埃米尔·左拉向你游说巴黎的种种新奇——可惜，你的画被这个你渴望已久的城市里的画评家嘲讽为拙劣胡乱的涂画。1863年，你的作品在“落选者沙龙”中展出——同年提交到官方主办的巴黎沙龙的作品非常多，但被拒的作品数目也实在不少，画家们很不满，指责评审不公；第二共和国总统拿破仑三世认为公众有评审权，于是把落选的作品放在一起展出。可以想象，好些不能在巴黎沙龙入围的作品的确让人失望：低俗、平庸、拙劣、抄袭。一位名叫爱德华·马奈的法国先生画的《草地上的午餐》(*Luncheon on the Grass*)——除了技法低劣，最叫人诟病的是它的内容题材：丛林里草地上，中心前景，二男一女席地而坐——两位衣着光鲜的绅士作交谈状，女子却脱得精光直望画前——旁边放有一些水果、食物，不远处的溪边，一个身披薄衣的女子，弓着身，洗濯模样。作品实在叫人感到错愕、反感、吃惊和愤怒：画什么野餐或在户外沐浴，那根本就是猖獗的卖淫勾当；而且，裸体女子，只可以是放在神话与宗教故事里的素材——如果说马奈先生借用了前人画家拉斐尔·圣齐奥或乔尔乔内（Giorgione，全名Giorgio o Zorzi da Castelfranco）或提香·韦切利奥的作品作为参考，那实在是大不敬；马奈先生自以为前卫，这样胡来的确太不像话了。当时的人如此认为。话说远了——直到1882年，你的作品才得以在巴黎沙龙中展出。

是的，你一直积极参与巴黎沙龙——这是那个年代的画家被确认的一个重要平台——而你一直被拒于门外。巴黎对你的残酷，令你烦恼不安，但你的心仍然沸腾，你的手依旧蠢蠢欲动。你知道，传统的学院派仍是主流，题材内容、风格技巧或对传统的继承等都有严格规定，另外，印象主义画家在找寻有关光影颜色的革命创新，但，两者都不是你想要的东西。你要在讲求造型远近关系、重视透视光影的绘画中，找寻新的艺术语言。你尝试摒弃传统的透视画法，你强调（物的）颜色、重量，即形状，如圆柱体、球体、圆锥体。物，本无线条，那物的存在，在形、色。由此，你所画物，形色俱全，二者互为，互相补足。

在绘画路上，卡米耶·毕沙罗跟你亦师亦友。是的，毕沙罗先生很爱护你，他对每一个碰到的人都提起你、赞扬你，他向画商沃拉德先生推介——沃拉德先生买下你很多的作品；我听说，后来沃拉德先生还写了一本关于你的传奇。事实上，因为毕沙罗先生的鼓励与启发，你用色较之前明亮，你用颜色的铺陈去呈现物的本质，对绘画艺术开展了新的蹊径。

你以颜色代替光。物的影，这阴暗位，是色。又，那白色的台布，混含一些蓝，一点的绿，或少许玫瑰红；这这这色，是周围的物与物的颜色，而这这这物的影，当有这这这色的混合。你把色与形结合起来。你探究物的变形。你面前看到的，不是物，而是物的一切包含。你在画里的每一物，与另一物，一个接一个，一个连串一个，不再独立，而是一个整体，一个整合。你绘画的苹果告诉我，苹果衍生于一个什么样的空间。那苹果旁边的，西洋梨、水瓶酒樽、樱桃柠檬、台布，由物而物，由色而色，是形是色。每个物的形/色，立体，俱备位置，串连成一个丰饶的空间。

你画的物如苹果，小心翼翼，迂回曲折。你在画布上涂画颜色，在一层颜色上面涂画另一层颜色，这一层颜色比先前的一层涂画得多一点，推开去远一点；然后你再在上面的一层颜色铺盖另一层颜色，上面的这一层颜色涂画得多一点，再推开去远一点。如此发展开来，不同的颜色互相交叠，像一层层一叠叠的色块碰撞接触。你的画，处处呈现修补过或未修补完的痕迹，厚厚地涂画，重重叠叠；画布上，布满山峦层峰似的。

你画苹果画西洋梨，画完后，物不复在。剩下的，只有画本身。你的画告诉我们，一件艺术作品不是一个对现实的模仿，而是一个独立的现实，一个具有自己内在逻辑的创作。

保罗·塞尚《花瓶，糖罐和苹果》（*Straw Trimmed Vase, Sugar Bowl and Apples*，*1890—1893*）

画家兼理论家莫里斯·丹尼斯曾写道：塞尚像一个波斯地毯的织造者，涂画形态色彩的和谐，抒情，美丽。一阕听不到的自觉的涂画本能。你画的苹果，不是要我们知道什么叫栩栩如生，而是让我们的眼睛，透过看视，知道物的包含。

的确，你画的物，重复，所以，有关水果的，你有好多好多。你面对着你的水果，一水杯、一只碟，终其日月，重复又重复地涂画着大自然的颜色。也许，水果只是借口，你要绘画那物的颜色、形态、重量；你要从绘画水果，如苹果中找到（巴黎的）确认。你曾说：我期望创作的是坚实且持久的，就像放在博物馆中的艺术作品。是的，你追求的是坚实而持久。你是一个革新者。你提出要把前后空间的物的外部轮廓联系起来，你尝试将印象主义转化为立体的印象主义，将二维变成雕塑，这一切不单远超过博物馆可以承载的艺术——1907年，曾经拒绝你的巴黎画坛为你举办大型回顾展，你可以想象，这对在创作路上磨炼苦干着的年轻画家是多么重要的冲击，而且，早前提到的那位名叫毕加索的画家，大抵因为看过你的作品得到启发，不久后完成了一幅他在早前一年开始创作的、名叫《阿维尼翁少女》（*The Young Ladies of Avignon*）的画——他拆解形体的状态，他尝试发现形体潜藏的可能性——的确，你为20世纪新的绘画艺术打开了一道宽广的门，年轻画家接过你的画笔，开展了立体主义的实验。

我曾经读过奥地利诗人赖内·马利亚·里尔克先生的信札；其

中他给他的雕塑家妻子克拉拉·韦斯特霍夫的信这样写道:“今天,我再去看塞尚的画…… 塞尚画那些红的,那些蓝的,简单直接的真实。它们让我知道什么是颜色——大自然的颜色。”里尔克先生又写道:“我想我开始明白这位老人,他走在那么的前头,一个人,无知的孩子在他后面向他抛石…… 我想再去看他的一点紫、一些绿,或者一些蓝的色调。我想我应当看得比上一次清楚一点……”是的,你走在那么的前头;你的绘画为20世纪的艺术提供新的方向。我听说,一位美国作家欧内斯特·海明威也从你的画中学习:让书写具有深度,写得简单真实仍远不足够—— 20世纪20年代,作家差不多每天都到卢森堡博物馆看你的画;是的,作家从你那里学懂了很多——这是很难向人说明白的——事实上,这是一个秘密。作家这样写。

你曾说:我们不能取代传统过去,我们只是在其中加添新的脉络。颜色是画的灵魂。你的画给我的启示是,我所见物中那看不见的,即大自然的本质。你又说:但愿我能仿造大自然。但你不能。所以当你发现可以用颜色来呈现看到的太阳,你感到很高兴。的确,你比一个佃农更爱大自然,你比一个佃农更信仰天气。巴黎对你的确认或不确认,你不再感兴趣了。19世纪90年代始,你切断跟城市的关系,你留在乡间,接近大自然。

法国普罗旺斯,好多人欣羡的地方——当然,对我来说,意大利罗马或佛罗伦萨的乡郊更具山灵水气——在那丰饶的地方,你画——苹果、西洋梨、一只杯、一只碟、一个花瓶、一个水樽——我听说，你工作缓慢，工序反复。你每天绘画的都叫你挣扎怀疑；但你挣扎怀疑的结果让人重新唤起曾经失去了的视觉、嗅觉、味觉、触觉。是的，但愿透过你绘画的，人的眼睛和视野，对大自然、对一个看似简单如苹果的物及其周围，会看得更明了、深远、开扬。

所以，我知道，究竟是哪一幅画有五个苹果的画如此让人着迷，已不再重要了。

乔瓦娜·加尔佐尼

亲爱的乔瓦娜·加尔佐尼女士：

谢谢你的来信。我感觉很亲切。我非常喜爱你绘画的水果植物——写实、细致、生动、动人。你画水果的枝梗、附着的枝叶，黄黄绿绿橙橙红红，那盛载水果的盆碟器皿，磨花了的边、崩脱的一角。你对物看得透澈真挚。你画水果边旁飞着的苍蝇、黄蜂，停留着的草蜢、蟋蟀、蝴蝶，爬行着的蜗牛、蜥蜴，伫立着的红额金翅鸟等。你尊重生物欣赏植物，天物合一，善待自然。但愿我能向你学习，在画布上涂画形态色彩的和谐。抒情。美丽。

保罗·塞尚

03

亨利·马蒂斯×爱丽丝·B. 托克勒斯

发信人

爱丽丝 · B. 托克勒斯（Alice B. Toklas，1877—1967）

收信人

亨利 · 马蒂斯（Henri Matisse，1869—1954）

法国野兽派

亲爱的亨利 · 马蒂斯先生：

你好。我想你是知道格特鲁德 · 斯泰因正在写我的自传《爱丽丝 · B. 托克勒斯的自传》。我在帮忙整理抄写文本。里头有好些关于你的资料，我得要向你请教。

我想先向先生请教一个问题。有一位正在念教育学的年轻人跟我说，她的兴趣是艺术，她希望念完教育学后进修艺术，问我会不会太迟。我说不迟，当然不会太迟。这些天，年轻人买来铅笔、颜色笔，积极练习绘画，不无战战兢兢的。我忘记跟她说：法国画家亨利 · 马蒂斯起初是学法律的；大概在二十一岁的时候，即大概你这个年纪，因为一场病，马蒂斯待在家中，百无聊赖，买来一些颜料临摹——他体验到一个全新境界，他觉得自己像活在天堂。此后，他扔弃法律书籍、文件打字机，一头栽进艺术世界里去。马蒂斯先生，我说得对吗？

是的，在艺术的锻炼上，你起步稍迟。跟大部分同代画家、艺术家一样，你经历了艺术学院的训练：人像素描、静物风景、雕塑版画、解剖透视、大小比例、颜色明暗等。学院的训练是画家、艺术家的一个重要入门。但学院派的学习也会框住了年轻人的灵魂，尤其是制度化了、僵化了的传统与标准。幸好你的画家老师古斯塔夫·莫罗开明：他鼓励年轻人多到博物馆观看前人作品，也建议年轻人走到街上观察描画，表现自己所见所感。你早期的作品有很高的水平，但色彩较低沉晦暗。印象主义画家约翰·彼得·罗素向你解释色彩的理论、指正你的色调。透过罗素先生，你知道了克劳德·莫奈、保罗·高更、文森特·凡·高，你认识了卡米耶·毕沙罗、保罗·塞尚。从这些画家的作品中，你知道不同色彩的表达形式，你知道色彩语言可以呈现的张力。你用色强烈大胆起来。（是的，我要跟年轻人说要多到博物馆逛逛，多到街上溜达，多看不同色彩技术的展示。）

20世纪初，你满30岁。相对同代其他画家，你不算年轻。生活上，你不很充裕。创作路上，你不无波折。我听说，一个冬天，你要画一幅一个女子和一桌子水果的画。那时候在巴黎，水果是非常昂贵的食物。你买来很多水果。为了不让水果轻易变坏，你把房子的温度保持在很低的水平。房子冷，你绘画的时候得要戴上手套和穿上厚外衣。整个冬天，你都在绘画这幅画。可惜，最后，你画的女子和水果不被接受。你每天都在工作每天都在工作。你努力地工作。你很沮丧，也很积极。然后，巴黎的秋季沙龙来了。

1905年，秋季沙龙中，你跟其他几位画家展出的作品叫人非常愤怒：在公众面前呈现的像是用一樽颜料扔掷出来的东西——多么严厉的批评啊——你的作品很不受欢迎。你很是懊恼。不过，斯泰因对你的画却很感兴趣。她在我的自传中写道：这是巴黎的第一个秋季沙龙，大家都那么热切和兴奋，大家都去参观——你知道，我错过了秋季沙龙，那个时候，我还在美国，我是在1907年才到巴黎的——斯泰因接着写道："那里大家看到马蒂斯一幅后来名叫《戴帽子的女人》的作品：一位拉长了脸孔的女子手执一把扇。"按斯泰因的话说，《戴帽子的女人》的色彩和结构是非常奇特的。斯泰因想买这画。

是的，斯泰因喜欢这奇特的画。《戴帽子的女人》开价500法郎，沙龙负责人说应该可以减至400。第二天，沙龙负责人对斯泰因说：画家不肯减价。斯泰因望着《戴帽子的女人》，感到很费解。的确，大家都在嘲笑这画。但对她来说，这是一幅再自然不过的画。最后，斯泰因把《戴帽子的女人》带回了家。

斯泰因不明白为什么《戴帽子的女人》让人勃然大怒。当时出席秋季沙龙的艺术评论家路易·沃克塞尔先生大抵可以解释：多纳泰罗在一群野兽当中——多纳泰罗是意大利雕塑家，他的作品受人尊敬，写实、平衡、匀称、细致、和谐；而你跟好些人的画——不对称的结构，杂乱无章的线条组合，不知所谓的颜色搭配，吓人

亨利·马蒂斯《戴帽子的女人》(*Woman with a Hat*, *1905*)

的视觉冲击，混乱、狂野、粗拙、非理性——你们的所谓作品混在高雅的文艺复兴的作品如多纳泰罗的雕塑当中，那简直像是野兽（Fauve）。野兽派（Fauvism）由此得名。

是的，学院派在当时仍是主流。被形容为野兽的画家们用了叫人难以理解的技法：不规矩的结构组织，扭曲变形的造型轮廓，强烈对比的颜色，平涂厚画，最后，画面看来毫无立体感。你们如此这般的创作，大抵因为在巴黎看了凡·高、高更、塞尚等前辈画家的作品回顾展得到的启发而已。是的，19世纪末20世纪初的现代艺术不再以宗教或神话故事为中心，后印象主义画家追求光与色的同时，强调色彩赋予个人的感受；你跟一些画家抓住这个脉络，尝试打破传统学院绘画的框架，突显色彩的纯粹：色彩之间的关系，色彩的震撼力与张力，色彩的主观感情投射。或者可以这样说，野兽般的非技术性，是画家对色彩自发与随意的一个表现形式，对色彩解放的一个过渡。是的，野兽性只是一个过渡；事实上，野兽派也很快结束。

因着《戴帽子的女人》，你跟斯泰因认识了。这之后，你有时候到她在花神街27号的住所，聊天、进餐。我听说，《戴帽子的女人》还有一个小插曲。当沙龙负责人把有人想购买《戴帽子的女人》的消息告诉你的时候，马蒂斯太太反对减价出售：如果对方真的有兴趣，是会有兴趣付所要求的价钱的。的确，斯泰因对你的作品很感兴趣，一直都在购买。她在住所的起居室的墙上挂满了画，你的、巴勃罗·毕加索的，还有许多其他人的。我知道，你跟毕加索先生一直互相欣赏，虽然你们从不亲密；我听说，你把非洲雕塑介绍给毕加索先生，启发他一幅重要作品的创作，不过，这不是我想研究的事情，就不在这里冗赘了。事实上，你的作品影响着很多年轻人。后来，斯泰因要跟兄长把购入的艺术作品分家的时候，她的兄长拥有了全部你的画，但，《戴帽子的女人》仍然放在斯泰因那里。

不久后，你画《生命的喜悦》（*The Joy of Life*）——斯泰因在我的自传中也提到了——粗枝大叶的线条，黄色大地，男女拥抱，共舞，或站或卧，松弛，一阕浪漫诗篇，生命快乐之源。你要把人的肢体变形，让位于颜色的和谐与强烈的呈现。你曾指出，你要呈现很多颜色，你要把它们都放到一个平衡的位置，一个稳定的状态，它们互相支援保卫，而不是伤害或破坏对方。的确，《生命的喜悦》的颜色带来喜悦，那是现代生活需要的颜色。《生命的喜悦》以后，一切都不一样了。其后，你不再那么狂野混乱，你已远离野兽派风格。

你画《舞蹈》（*The Dance*）：蓝和绿的天与地，5个手拉手的裸体女子，共舞。蓝色，你指出，仿如铜锣般响亮。你画《粉红裸体》（*The Pink Nude*）——我的浴室曾挂有这画的复制海报——延长了肢体的裸体女子，躺在沙发上。你那看似简单又有点粗拙的画：有体积、有容量，而平面。三维空间和二维平面的张力，流动的线条，跳跃的颜色，形式简单。狂喜而平和，张扬而内敛，焕发而收藏。你这些画作和其后的，都是生活得快乐的男男女女的续篇。人或说

亨利·马蒂斯《生命的喜悦》(*The Joy of Life*, 1905—1906)

你不懂得画女子；你从容不迫：我不画女子，我画画。

跟所有出色的画家、艺术家一样，你的创作来自一股强大的欲望、热情。现代艺术呈现的不再是现实主义的形式。艺术家走入生活，艺术指向感情感觉，抽象思维。艺术家独立自主，有追求、有愿景。你说：我梦想的艺术，平衡、纯粹、平静，没有烦恼人的题材，就像一张让人可以在其上疏解疲劳的舒适的安乐椅。

后来，你年纪大了，行动不大方便，但你仍创作，你用剪刀绘画——剪刀是你的画笔，不同色纸就是你的颜料——你的一辑剪贴作品有一幅《伊卡洛斯的坠落》（*The Fall of Icarus*）：一个黑色人形剪影，在蓝色背景前，四肢摆动，如飞、如舞、如跌、如坠，几颗如星星的黄色物在旁边后头——你在这辑作品中写道：一个简单的旅程……让我们明了我们想象以外的世界……我们应该鼓励年轻人……往高处进行一项漫长的旅程。（是的，我要鼓励年轻人高飞。）

很久以前，希腊的克里特岛上，米诺斯称王。米诺斯的妻子跟一头漂亮的公牛诞下一个牛头人身的怪物，米诺斯非常愤怒，他命令代达罗斯在岛上建一座迷宫，把怪物放到迷宫里去。为了锁住迷宫之谜，米诺斯把代达罗斯和他的儿子伊卡洛斯关闭起来。两父子无陆路海路可逃——天无绝人之路——不是还有天吗——代达罗斯不愧是个建筑师发明家，他利用羽毛和蜡造了两双巨翼，父子二人把双翼缚在身上，将要飞上天——起飞前，代达罗斯对儿子伊卡洛斯说：不要飞得太低，那将会接触海上巨浪；也不好飞得太高，太阳将会熔解蜡造的双翼。伊卡洛斯第一次高飞，兴奋异常，把父亲的话忘得一干二净——伊卡洛斯越飞越高，终于接近太阳——他的双翼熔化了，他就掉到海里去了。（是的，寓言一则，我要提醒年轻人：要飞，但小心任性妄为。）

飞，离开地面，离开（不）安全地带。飞，因为有风，因为有空气。人看不到空气和风，人只看到空间里头的物的运动。而风在吹。它运作、翻动。它推动人，它让人走得远、飞得高。梦想高飞的人如伊卡洛斯知道如果他高飞，他是会坠下的。而他高飞，得意忘形。梦想（存）在空间——如此，人冲出幽闭，人感觉空间。空间，因为人（想要飞翔）而具体存在，如此成就意义。法国诗人保罗·瓦雷里写道：起风了，只有试着活下去。是的，风起时，要试飞。风继续吹，要再高飞。

是的，寓言一则。我在想，你拿起剪刀，把色纸一一剪下，把不同形状的色块拼贴到墙上。我听说，当代艺术评论人罗伯特·休斯这样写道：……艺术能从另一样艺术中，取得养分，而当有足够的信念，艺术又能自成为一个欢愉的国度，一个插入真实世界中的领域——乐土。是的，你曾像野兽般涂画，你曾高飞，你或曾坠落，你自有你的画天堂。我知道，当你住在蒙马特的时候，每天早上你绘画，下午你造一点雕塑，黄昏前你画人体素描，晚上你拉奏一阵子小提琴。每天，山上山下，你来回居所，上下楼梯。是的，那年轻人们游走尝试高飞的地方，你走过了，而且走得坚持。(是的，我要跟年轻人说说坚持的故事。)

请你指正。

爱丽丝·B. 托克勒斯

亲爱的爱丽丝 · B. 托克勒斯女士：

谢谢你的来信。我相信那曾被形容为洒向公众面上的一桶颜料 —— 那是我稍微年轻时的所作所为 —— 是的，那是色彩的解放：我企图提供一种愉悦，视觉上的。是的，年轻的时候，我们会闯，我们要闯 —— 希望你年轻的朋友享受艺术，往高处进行一项漫长的旅程。

亨利 · 马蒂斯

04

巴勃罗·毕加索×朵拉·玛尔

发信人

朵拉·玛尔（Dora Maar，1907—1997）

法国超现实摄影师，毕加索的情人

收信人

巴勃罗·毕加索（Pablo Picasso，1881—1973）

立体主义

亲爱的巴勃罗：

我很别扭。我真的很别扭。我有很多嘴巴。我有很多耳朵。我的眼睛，还有鼻子，我不合比例、歪斜变形、五颜六色的脸。一只黑猫爬到我坐的椅背上。我掉下大滴的眼泪。你说我是最会哭的。你说我是歇斯底里的。是的，很多人都说朵拉·玛尔别扭歇斯底里。我说你是歇斯底里的。事情或者会很不一样，如果你和我没有在咖啡馆邂逅，那1936年。

1936年，你在巴黎。你睡得不好，你辗转反侧——你的祖国西班牙发生内战。左派政党组织的人民阵线在大选中获胜，成立共和国政府，致力民主改革。另一边，军官弗朗西斯科·佛朗哥得到纳粹德国和法西斯意大利的支持，发动武装叛乱，反共和国政府。1937年4月26日正午，在位处西班牙北部巴斯克的一个城镇格尔尼卡的市集上，人熙来攘往，平和地、如常地。倏地，纳粹德国空军从上空轰炸。三个多小时后，格尔尼卡一片瓦砾，一片火海。超过1600名平民百姓被杀，大部分都是妇女、孩子、老人。佛朗哥否认这场轰炸是他所为。

是的，你辗转反侧——你远在巴黎——即便你在西班牙，你什么也做不了。但，你是画家，你可以画。知道了这个悲惨的消息后，你返回工作室，你站在画布前，思量——早在1937年初，你接受西班牙共和国政府的邀请，创作一件壁画放在巴黎举行的世界博览会展出——你叹息思量，你仰天，或低下头。痛而无以能够言语。这以后的两个月，六个星期，四十多个日与夜，你画。《格尔尼卡》（*Guernica*）完成。

《格尔尼卡》——高3.5米，宽7.8米——马。牛。女子。男子。孩子。头和手和脚。马，嘶鸣。母亲拥着孩子，无泪。男子躺卧。肢体，支离破碎。肉身的，移位。断裂。张开的口。张开的眼。张开的手。伸出的手指。没有能够反抗。没有希望。没有握紧的拳头。来不及的张望或愤怒。手执的花。死亡。痛与折腾。

万籁无声。有声。无深度的空间。黑色的大地与天。

我知道《格尔尼卡》。你想画一幅敞大的作品放到博览会的时候，我给你找来古老大屋内的一个空置空间作为工作室；你想画有关格尔尼卡的时候，我在你身边——我把你绘画的过程拍摄下来。的确，绘画和摄影，从来没有如此这般亲近紧密过。你说：摄影要记录的不是不同的绘画阶段，而是其中的变化。这样，人大抵可以明了画家的思想历程是如何体现梦想的。

有关《格尔尼卡》，当代英国艺术评论家约翰·伯格这样写道：毕加索并没有尝试想象真实的情况。是的，画面上没有跟格尔尼卡一丝直接的关系——无城市的楼房、无轰炸机、无爆炸的迹象、无年月日时间的所指。是的，你不在场。你的画，不具体，不明了，没有直指。但你感觉到痛，你画。如此，你在场。伯格继续写道：画是一个抗议——这是显而易见的，尽管人们并不知晓这段历史。可不是吗，一切都是有关战争暴力——马、牛、女子、男子、孩子、头和手和脚。扭曲。形象化的文化符号，人共通的图画语言。寓言一则。完全的黑与白和灰。痛。身体反抗的呐喊。直接不直接，具体不具体，《格尔尼卡》已然是个宣言。是的，这是你的个人宣言。个人的、政治的，也是集体的。有关反战，有关和平。那画，可以触动人，让人感受那触动。

在黑色大地与天的寓言下，人想象有关痛。巴黎世界博览会后，《格尔尼卡》在欧洲大陆和美国巡回展出。你和你的作品，让人瞩目。当然，相对你最初在巴黎的时候，一切都在混沌中。

是的，你第一次来到巴黎——那是1900年的秋天。

1900年，巴黎世界博览会，你参与展出作品。可以想象，那个时候，你看过了印象主义、后印象主义画家们的画作。第二年，你再到巴黎，画商安博洛伊斯·沃拉德为你举办个展。我听说，展出的六十多幅作品全部卖出。人都说你的风格，噫，怎么说呢，是亨利·德·图卢兹-洛特雷克和文森特·凡·高和皮埃尔·博纳尔等的糅合。是的，你可以绘画这种风格，你可以创造这种形式。你的技巧不容置疑。我知道，你十分敬重法国浪漫主义画家欧仁·德拉克洛瓦，你曾经模拟德拉克洛瓦的画，又模拟对他说："你从对彼得·保罗·鲁本斯的学习中，成就你自己；如此，我从对你的模仿中，而练就我。"马克斯·雅各布曾形容：毕加索有许多故意的模仿；如此确定他不会制造无心的模仿。我听说，你跟雅各布先生处不来。当然那是较晚的事。事实上，他是你在巴黎结识的第一位法国朋友。

几年下来，你在巴黎跟巴塞罗那之间往返。1904年，你定居巴黎——人说这是你的"蓝色时期"（Blue Period）——你住在蒙马特拉维尼昂十三街一座建筑物"洗衣坊"（Le Bateau-Lavoir）：老旧破烂肮脏湿冷，无电和煤的供应，没有自来水或排厕设备，乞丐妓女老弱妇孺外国的本地的年轻的画家作家诗人们。穷困呀——是的，曾经，在寒冷中，你要燃烧你的画取得些许温暖——这，怎不让人抑郁郁结。蓝色：年轻人、多愁善感。是的，颜色，从来都懂得说话。而你，你懂得挑色。你减少用色褪去不必要的色彩。简化了的颜色、简化了的线条形体把重量压下来，让位给忧悒。当大家都在谈论野兽派如何从后印象主义中以自发随意的表现形式去追求色彩解放的时候，你挑一种颜色，你绘画。你的画显得特立独行。

当然，你的蓝色时期很快过去。在你的立体主义将要到来以前，你遇到年轻美丽的情人，你把贫穷痛苦的议题挪到一旁。你画当时流行的马戏团表演。你的色彩转向赭色、粉红色，即所谓“玫瑰时期”（Rose Period）。你的人物造型开始简化，趋向几何。这在你绘画美国作家格特鲁德·斯泰因的肖像上，显而易见。我听说，在差不多八十多次的写生后，你把先前绘画斯泰因的人像涂改了——最后，她的脸庞看来有点怪异，像纸版或木雕般的一只硬生生面具。我听说，没有人喜欢这画，除了你和斯泰因。的确，斯泰因欣赏你的才华。她不断购买你的画：当我看一幅画，我的手心冒汗，我的心跳加速，我的呼吸显得深沉；我知道，这是一件艺术作品。她这样说。

1907年，你完成了《阿维尼翁少女》（*The Young Ladies of Avignon*）。我听说，最初的草图是这样的：五个裸体女子，一个男子手执一个骷髅头，一个学生，和在前景的一些静物。这不难让人联想到保罗·塞尚的《浴女》（*The Bathers*）或爱德华·马奈的《草地上的午餐》（*Luncheon on the Grass*）。你或从过去传统的母题上找寻现代的寓意。你画人物造型，你的人物形体开始变形如块状或立方体，这你大抵从埃尔·格列柯或保罗·高更或亨利·马蒂斯那里吸取了养分。我听说，马蒂斯先生把非洲雕塑介绍给你。每天，他来回到工作室绘画人体素描的路上，会经过一条摆卖古玩旧物的店铺。那里，他看到一些古怪的雕塑。也大抵在这个时候，你看到了伊比利亚人头像和一些非洲雕塑。这些既简单又几何的立体造型，对你的视觉不无冲击。

爱德华·马奈《草地上的午餐》(*Luncheon on the Grass*，*1863*)

无论如何，你的作品在变化中。一切都在变化中。慢慢地，然后是急遽地：没有了背景风景，没有了花草树木，前景和后景的内容混在一起，交错糅合，没有景深不讲求透视，细节取消了，人物形象变得线性、几何、块状、比例不均，赭红和灰绿的平涂，没有技巧的明暗过渡。最后，剩下五个裸体畸形女子，或挂着异国土著民族面具式的脸。你的画看来不完整未完成似的，粗糙笨拙。

按你后来的话说：画，一切破坏的总和。的确，在惯常的绘画形式上，你演绎了不平常，一切都像是意外或改变。你不断地破坏——直至东西内容变得似是而非——你要拆解形体的状态，你想发现形体潜藏的可能性。你的破坏，有意识的，或无意识的，大抵又要算到保罗·塞尚的头上来。1907年，被形容为“现代绘画之父”（Father of Modern Art）的塞尚的大型回顾展在巴黎举行。塞尚重视绘画对象的结构造型，他强调物的重量，即物看来如圆柱体、球体、圆锥体等形状，他提出要把前后空间物的外部轮廓联系起来。如果说塞尚在20世纪以前的（平面）绘画尝试表现（立体）雕塑，你从他的感悟中找到启发，你把他开拓的问题梳理：你把自文艺复兴几百年下来的传统绘画标准的透视法，彻底地，切断了。

完成后的《阿维尼翁少女》，一直放在蒙马特山上的工作室，不曾展出。你的朋友们斯泰因或马蒂斯或纪尧姆·阿波利奈尔或乔治·布拉克都来看过——别扭、新奇——大家都在疑惑：你在自我摧毁，你的技巧、你的天才哪里去了。你画下了许多叫人费解的问题。新的艺术语言，新的美学观点，非一般的眼界，你叫人细味可能的隐喻与诗意。但，当时无人明白这画，无人能为它定义。谁人先把这形容为立体主义——斯泰因说很可能是阿波利奈尔；有人说是画商丹尼尔-亨利·卡思维勒。立体主义的雏形风格被公开认识，亦有说是布拉克的画：他看过你的《阿维尼翁少女》后不无启发。在他其后的一个展览上，曾把马蒂斯等画家形容为野兽的艺术评论家路易·沃克塞尔就嘲讽说：布拉克的风景画充满着细小的立方体。的确，布拉克明白你，立体主义大抵是你和布拉克的奋斗路，而且是在一起最亲密的奋斗路。布拉克曾经形容：两个拴在一起的攀山者。拴在一起的亲密、或紧张，我懂。

1900年，你第一次来到巴黎。1904年，你在巴黎定居下来。1912年，你离开蒙马特山，你从塞纳河左岸的拉丁区往南走，一直走到蒙帕纳斯。之后，你迁住到巴黎时尚区。其后，你再往外走。1934年以后，你没有再回过老家西班牙。你流放在外。你自动流放。是的，你爱巴黎，你接纳巴黎。巴黎接纳你，巴黎爱你。你在巴黎成就了自己，巴黎成就了毕加索。

是的，一切都是因为巴黎。一切都在巴黎。是的，你在蒙马特和蒙帕纳斯的历史任务大致完成。是的，蒙马特和蒙帕纳斯为你提供的历史空间也过渡完了。

拴在一起的，紧张，或亲密，但，终究要分离。谁可以想象你在巴黎认识的第一位朋友，指导你学习法文的诗人画家雅各布其后跟你处不来；谁可以想象在立体主义奋斗路上，相互亲密交流的布拉克最后跟你分道扬镳；谁可以想象常跟你谈论作品的斯泰因其后不再碰头见面；而你的好朋友阿波利奈尔在一次大战负伤后因西班牙流感而死亡。是的，朋友，亲密、疏远、死亡。你有很多朋友，你有很多爱你的人。你和他/她或她和他在小街小巷楼梯斜坡咖啡馆小餐厅工作室交流，喝酒瞎扯，高谈阔论，笑，唱歌，喊叫。快乐和不快乐，贫穷或忧伤，期盼和努力，失意与竞争。最后，都停下来了。一切都静下来了。最后，你一个人。你变得巨大。你剩下画。伯格说：毕加索的名字大于他的艺术。人们记得毕加索的作品，因为人们记得毕加索。

你寂寞，也许。你没有对手，你显得很不耐烦，你只好不停地创作。伯格曾形容你的成功、你的富裕像能够点石成金的米达斯。你可以用一幅画换法国南部一间海边屋。你在餐纸上不经意的几笔涂鸦会被人趋之若鹜地拿去拍卖。但，吃进肚里去的是金，大抵是悲哀。是的，你画了很多很好的作品，你也造了很多很不好的画。美国艺术评论家克莱门特·格林伯格说，不是因为毕加索变得肤浅或敷衍了事；相反，多年来，你已经不再信任自己的熟练和敏捷，你想要避开一切暗示这些东西存在的物事，你让你的画显得怪僻和笨拙。只可惜，有时候，真的显得笨拙乖张。是的，你曾停滞不前，你不无缺点，也许。但，你仍是人们崇拜的毕加索。

而我跟你，也分离了。是的，人们知道毕加索。人们明白《阿维尼翁少女》，人们记得《格尔尼卡》，那都是你重要的作品。人们也记得你重要的作品有很多的朵拉，朵拉和猫，很别扭爱哭的朵拉。人们大概知道朵拉是你的情人，很多情人中的一个。虽然我想别的人记得我：一个摄影师，一个诗人，一位超现实主义的实践者。是的，我知道，在毕加索之后，我有上帝。或者，的确，或者，你曾经就是我的上帝。

你的朵拉

亲爱的朵拉：

当然你是很会哭的。我也记得：你是我的缪斯、超现实主义的实践者、诗人、摄影师。是的，绘画和摄影，从来没有如此这般亲近紧密过——那《格尔尼卡》，那在巴黎的一切——久远的记忆，曾经的梦想的体现。我的历史已然成为了一份记忆。虽然一直以来，有些人把它看作神话。也许，人真的需要神话。

巴勃罗

05

乔治·布拉克×汉娜·霍克

发信人

汉娜·霍克（Hannah Höch，1889—1978）

德国达达运动

收信人
乔治·布拉克（Georges Braque，1882—1963）
法国立体主义

亲爱的乔治·布拉克先生：

我来到巴黎，我走在塞纳河的桥上。我沿河西流来到勒阿弗尔，你出生长大的地方。你沿河东来到巴黎。我来到马赛，我走到埃斯塔克。我看那里吸引法国画家保罗·塞尚的风景。他画那地方的风景。你来到埃斯塔克，你画那地方风景，你向前辈画家致敬。

我的名字是汉娜·霍克，我是德国人。20年代初，我可能曾到过巴黎。但事实上，我记不起到过什么地方，也许我只流连咖啡馆、小餐厅、展览馆，我并没有到过什么地方。我想我们从未碰头见面。但我知道你，或者，我听说过你，和你的画。我是一位艺术创作人，我是20世纪20年代德国柏林达达运动中的参与者——达达嘛，简单说就是反艺术——也是当中唯一的女性。跟你不一样，我不是画画的，我是搞拼贴的——我其中为人熟悉的作品：《以达达厨刀切穿德国魏玛啤酒肚文化的最后时代》（*Cut with the Kitchen Knife Dada through the Last Weimar Beer Belly Cultural Epoch of Germany*)，我把报纸杂志上的图像物事东拼西凑剪贴而成。你在绘画上有拼贴的元素。因此，我想，你我倒是有一点点的共通之处，不管那是艺术创作或反艺术创作。

我听说，1907年一个秋天的日子，诗人纪尧姆·阿波利奈尔带你到蒙马特探望一位西班牙画家。你看到一幅画《阿维尼翁少女》(*The Young Ladies of Avignon*)——巴勃罗·毕加索的一些朋友陆陆续续看过这画，然后感到奇怪、讶异、失望，甚至认为毕加索完蛋了：五个裸体女子被分解为一些小块面，右边两个面庞土著容貌，形体和空间扭曲了，一切都壅塞堆砌混在一起，没有远近关系，没有单一透视点——毕加索这画真的糟透了，大家都这样认为。而你吃惊，你不知所措，不无震撼。你知道，革命已静静地发酵——的确，除你以外，其他人都不懂他或它。

其后几年，你跟毕加索开展了一场艺术革命。

革命在《阿维尼翁少女》后的第一个场景，你画了一幅女子裸体：几何块状有点扭曲的肢体——事实上，你的裸体女子也源自你早前好些描画身体的草图：前、后和侧面——你把一个女子肢体的前后侧面的局部都画上了。你说：我要呈现纯粹的、确实的，而不是虚假的、人为的女子形象。那个时候，你在思考绘画有关物的立体呈现。毕加索的《阿维尼翁少女》、亨利·马蒂斯的《生命的喜悦》，或在其时引起关注的非洲雕塑古希腊雕塑，或塞尚或高更在巴黎的回顾展，都在为你带来新的眼界。你对有关物的立体描画呈现，来得更大胆直接更全面。

之后，你来到埃斯塔克，你绘画那里的房屋：一个四方格，一个三角形，块状或柱状，树木田野房子都变为一块一块的面，微微倾斜。你的颜色是简单的赭、绿和黑，没有过渡色，没有环境色。你把天空切走，你连透视也省去。你把这些画送交秋季沙龙。当然，你是被拒了。然后，你把这些画放到丹尼尔-亨利·卡思维勒的画廊。曾把马蒂斯等画家形容为野兽的艺术评论家路易·沃克塞尔嘲讽你的风景画：所有物、景、人、房子，都变成几何线性，都变成立方体，而且，是奇怪的立方体。如此这般，好些人知道你这些奇怪的画。新的立体风格雏形被人认识。

是的，有关物的立体描画，你的埃斯塔克风景画算不上圆熟，不曾公开展出的《阿维尼翁少女》看来也并不完整。但毕加索的创新为你带来启迪，而你的实验冲击着他的发展。在混沌中，你们俩开始一起进发。

这之后，你画诺曼底的海港和渔船。你把不同乐器的模样描绘在画上。你把所观察到的物都绘画成几何块状，互相重叠。你把所有物象移到中心前景，它们周边的空间消退了。你的笔触变得短小。所画物显得跳跃活泼有动感，让人可分辨阅读、可观赏，感到物的存在。你画《葡萄牙人》(*The Portuguese*)，画中出现一些字母——那大抵是第一幅画有字母的画——字母让块状的画面显得实在，换句

乔治·布拉克《果盘》(*Fruit Dish*, *1908—1909*)

话，即真实。你在颜料中掺杂沙子或木屑，外来材料的质感强化画面的厚度，画看来更具真实性、更有层次感。你利用卡纸剪裁乐器形状，拼贴到画上去，你在其上绘画。外来物拼贴在画中担当了确定真实性的角色。粘贴在画上的材料与画面的颜色形状之间造成一定深度的对比，产生错视画（trompe-l'œil）的效果；即如你在《小提琴和水罐的静物》（*Still Life with Violin and Pitcher*）的画面上画有一枚钉，钉侧画有颜色阴影，人觉得画是挂在钉上。

你画静物你画风景。你呈现的静物风景都是形状块面。块面与块面紧密接壤。颜色是绿、赭和灰之间。当然，你画的物，不再具体，物的线条不再清晰。块面或四方，块状或消减，尖锐或倾斜，剩下几组短小的线条，一层一层。简约颜色的光与暗，远近，关系，想象。物在空间，物在空间运作。物与物在空间中相互碰撞。在这样的混沌中，空间变得存在，物变得有实体可接触。怪不得有人说，看你的作品，就好像在第四度空间飘游。

是的，你简化了画中物为基本形状。你的动机明显不过：你想要呈现物，直接的。你放弃主题，你以熟识的物作为绘画的母题，专注找寻新的结构和语言。你在画布上呈现的物的颜色、形状、重量各自分离独立。你让物的重量与空间个别说话而不破坏它们的深度，你建立一套抽象语言然而与其内容紧密地关系着，你把绘画本来的纯粹即如使用颜料渗入不纯粹的物质。当然，最后，你让我们知道了物的形状、空间、容量，即物的立体语言。

乔治·布拉克《拉罗舍居伊翁城堡》（*The Castle at Roche-Guyon*，*1908—1909*）

你在工作室不停工作，你跟毕加索不断交流。我听说，很多人形容当时巴黎塞纳河蒙马特山上居住着两个人物：布拉克和毕加索。

是的，大家都说，这是你跟毕加索最亲密的时候。你们碰面，你们观看对方的作品，你们讨论分析，你们争辩，你们纠缠，你们生气，你们感到震惊欢喜，你们感到迷茫，你们各自返回工作室继续先前的发现。如此，新的艺术语言渐渐产生。曾经，你们的作品看来是那么相像。相对毕加索，你多画物，他多画人。你安静，不徐不疾。他较躁动，不安于室。你的笔触较温婉抒情，他的倾向尖锐具雕刻性。你们知道，对方是自己的竞争对手，但对方不再跟自己竞争。你们的关系，与其说是竞争，不如说你们要取得对方的欣赏与认同，你们从对方的发现中发展自己的可能。予取予携。你们需要对方。你们有共同的方向。的确，只有毕加索明白你。只有你明白毕加索。你曾说：我们就像两个拴在一起的攀山者。物，空间，立体，就在这样的语境下发现。

你们各自在工作室工作。有时候，你们把完成的作品放到卡思维勒的画廊展览；其他人知道你或毕加索的作品发展模样。但你们不曾参与任何立体主义的展出——你们跟外头声称与立体主义的画家不相往来；你们不愿意在立体主义的声明上签名，无论是阿尔伯特·格列兹或让·梅青格尔或阿波利奈尔写的。人们爱说“分析立体主义”（Analytic Cubism）或“综合立体主义”（Synthetic Cubism），你和毕加索从来不认为需要或同意“立体主义”的称谓。是的，对你们来说，立体主义不是一个声明，一项科学或议论，立体主义是艺术实践。但，历史需要定义定位，为重要的事情和人物。

巴黎塞纳河蒙马特山上曾居住着两个人物：布拉克和毕加索。立体主义是你和毕加索在一起最亲密的奋斗路——你们找到了对方，你们找对了方向：如何呈现物的真实。你们的创作是叫人触目的一场革命。革命在一次大战前停止。1914年，你应征入伍。1917年，你因伤病退役。这之后，曾经拴在一起亲密的攀山者，不再复见。

收编的文献上或写道：立体主义谁谁谁是开山祖师。的确，历史需要这样一个人物。人们需要一个这样的人物。人，需要英雄或主义，在一个时代。地方，需要主义或英雄，在衰退兴盛或高低潮。20世纪开端，人有理想、愿景，一切都沸沸扬扬。风格独特的艺术家，破旧立新，反映巴黎作为现代艺术实验室的开放与多样化。经过了一次大战，人将这项工程扩大，无限扩大。立体主义是20世纪初艺术革命的成功，因着巴黎自19世纪后半叶成为现代艺术文化中心不可或缺的这个场域。是的，立体主义大抵是在这样的社会文化背景下滋养。立体主义是你和毕加索的一场革命。

我们知道，绘画是一种再现和错觉的艺术。因为文艺复兴，我们知道景深透视。我们用两只眼看世界；其实，我们只用了一只眼睛看东西：周边的物在两只眼睛的观看下重叠起来，本来是两个视觉方向的影像，合二为一；过去的画者如此描画。你把这个道理还原。立体主义的本义就是叫人明白物的真实性，它是有关写实的艺术。立体主义考量：物在空间的真实，绘画物的真实。你改变了我们看东西的单一视线。你把物的多面性、多角度，一一呈现。或者可以这样说，立体主义跟达达运动是有共通点的：我剪裁拼贴，画面的东西物事不再以文艺复兴时期所信仰的一个透视点呈现，画面物象相互冲击，无关联而相关，无序而有多元秩序，无意义或衍生多义。是的，你要我们知道，绘画的价值，不在于对事物的如实描写，不光画看到的东西，而必先画出对事物的认识。换句话：绘画，呈现知道的、不是看到的。

如果有人说你的画抽象难明，我会跟他或她说：你没有看清楚。你画：烟蒂烟斗香烟包、酒杯酒瓶、碗碟刀叉、水果面包、餐桌椅子、咖啡馆餐厅、纸扇报纸书籍文字、纸牌骰子、小提琴吉他奏章音乐符号。你画的，就是你周边的物：你吃的喝的，你爱的物，你接触的物，你熟识的物。你用人认为难明抽象的线条，块状单纯的色调，记下了一阕时代、一阕历史，巴黎的生活内容，物的真实。

是的，革命，从不是单打独斗的。革命的成功，又不单纯是谁谁谁一个人的功劳。一次大战后，好些东西物事都不一样了。你曾经历一个时代的衰退，你曾经历一个艺术家得要经历的衰退。你重新上路。你画静物你画风景。你绘画物的立体语言。你不是去重构轶事而是建构一项有关视觉经验的事实。由始至终，布拉克是真正贯彻立体主义的画者，美国艺术评论家克莱门特·格林伯格这样形容。曾经，你的概念被嘲弄被误解，然后被欣赏爱戴被模仿。

无人可以想象，因着你的实践，立体主义——或者你不爱这个称谓——泛起的涟漪，在西方艺术世界，如此深远巨大。

握手。

汉娜·霍克

亲爱的汉娜·霍克女士：

谢谢你的来信。埃斯塔克的风景是美的，因为它承载着跟艺术有关的故事。如果历史可以重写，我仍然要到那里走一趟，把那里的树木田野房子绘画下来，再次呈现几何线性和立方体，和做些东拼西凑剪贴的创作。

乔治·布拉克

06

亚美迪欧·莫迪里阿尼×安娜·阿赫玛托娃

发信人

安娜·阿赫玛托娃（Anna Akhmatova，1889—1966）

俄国诗人，莫迪里阿尼在法国巴黎的第一位爱人

收信人

亚美迪欧·莫迪里阿尼（Amedeo Modigliani，1884—1920）

意大利表现主义

亲爱的亚美迪欧：

坐在圆亭咖啡馆，你用铅笔在笔记簿上画。你画得很快。你给邻近喝咖啡聊天的人速写。画完了，你递给对方：五个法郎。有时候，对方会接受，有时候不。几个法郎你买一点酒。你坐在咖啡馆，你画。听说你画得很快很准确。铅笔速写，在20世纪初或几个世纪以前，多得很，不算什么一回事，很少人对这样急速或不完整的线条描画感兴趣，而且是寂寂无名的小子。而巴黎有很多咖啡馆，有圆顶咖啡馆，有多摩咖啡馆，还有……你坐在咖啡馆，你画。

画家泡咖啡馆喝咖啡喝酒画家画画。

巴黎有那么多咖啡馆，在蒙马特或者蒙帕纳斯，我记得。你知道，我不画画，我写诗——俄罗斯国民称安娜·阿赫玛托娃，即我为“俄罗斯诗歌的月亮”，这，当然是以后的事。20世纪初，画家诗人作家评论家摄影师艺术家都住在这里那里，法国人外国人年轻

人。当时在右岸蒙马特山上，就居住着乔治·布拉克和巴勃罗·毕加索——已具知名度的人理所当然成为谈论对象。我听说，一天，一间咖啡馆，毕加索穿着一身工作服跟朋友在喝咖啡，不修边幅的，你看在眼里，漫不经心，说：毕加索大概有点天分，但也得检点打扮。初来乍到的意大利小伙子，毕竟有点轻狂。

1906年，你来到巴黎。你住到蒙马特——保罗·塞尚和文森特·凡·高都曾住在那里——能够贴近重要的画家是准备当画家艺术家的外国的法国的年轻人都得一尝居住的地方。是的，你离开意大利，离开美丽祖国丰厚的绘画、雕塑和建筑的遗产，离开亲爱的母亲与家人，你穿戴整齐来到巴黎，你带来了深远的文化传统、良好的家庭教育、圆熟的艺术训练，你还带来了一箱放得妥帖的衣服。在工作室的墙上，你挂有文艺复兴时期的复制品，你甚至放了一个贝多芬石膏头像。这，在蒙马特——对于你这样的打扮装饰，诗人安德烈·萨尔蒙不无讶异。我听说。

蒙马特或者蒙帕纳斯，年轻人法国的外国的，好些准艺术家们都仰慕向往的地方。蒙马特或者蒙帕纳斯，山上或边缘。住到那里，因为穷。但，穷是一个身份一个态度。住在那里，一切都得带点波希米亚式——在这里，穷生活，绘画或者什么，他就是画家艺术家。而你，走在这里，格格不入——你的政治不正确，意识形态不入这边缘界外，简单说，你不够波希米亚，你的外貌究不上穷，你是叫人家看不起的——入乡随俗，你擦掉过去的小资，你放弃工作室起先的布置，你脱去初到巴黎的衣服，你换上一身简单的咖啡色工衣，你在街上偷来建筑用的石头，不无吃力地拖拉到工作室。是的，你爱雕塑。生长于家道中落的犹太家庭，生活在意大利托斯卡纳西岸利沃诺，14岁的你患上伤寒——继而患上缠扰一生的肺结核——虚弱的孩子要看佛罗伦萨的艺术品；母亲爱子深切，送你到佛罗伦萨和威尼斯的艺术学院学习。你的绘画技巧表现优良，你有热情，你思考独立，你梦想当雕塑家。然后，你来到巴黎。

夜渐深，有点凉。天色清明，天上有星。想起凡·高的《星夜》（*Starry Night*）。因为《星夜》，很多外国人来到巴黎。

在年轻或具知名度或不很年轻或不具知名度的艺术家辈中，大家都在谈论后印象主义、表现主义、非洲雕塑艺术的这些那些，大家都想抛弃传统破旧立新。你或不甘后人亦步亦趋。野兽派乖张扭曲色调强烈，立体主义的锥形有点理性过于分析性，都不那么吸引你，当然，未来主义更跟你性格不合，尽管那是意大利人主导的艺术运动。你边听边看种种沸沸扬扬，边在街上拖拉着石头。来自罗马尼亚的雕塑家康斯坦丁·布朗库西给你意见和支持。你造了几年的雕塑。雕塑的材料或重或贵，大抵不是你的身体或经济可应付。你放下雕塑工具，重拾画笔。

画家泡咖啡馆喝咖啡喝酒抽烟聊天打哈哈画家画画。

1910年，我来到巴黎。我跟诗人丈夫到巴黎度蜜月。我碰到你。后来，我一个人留在巴黎。黑眼睛漂亮的年轻画家那么有魅力——

诗人跟画家同游卢浮宫、卢森堡公园、拉丁区的大街小巷，看花看画念诗，白天、下午、黄昏和晚上：这一切都是你和我的史前阶段。那个时候，艺术的精神世界在我们的灵魂中只有雏形。画家年轻有火充满棱角锐气。我当你的模特儿，你画我。你画画，热切地。

你不画风景不搞立体形式不沾静物，你画人物，你画裸体女子。人像，面孔长而起角而扁平，杏眼歪而长，鼻长而尖而微弯，嘴丰润而紧闭，一条长又长的颈，身体乜斜。轻描淡写。或一丝疲惫，懒洋洋。你的人物，没有太多的表情，没有再多的一个眼神一个笑脸，差不多的姿势，好像。相似而不一样，而各具体态各有性格。你只有一个题材。

人像，眼睛黑漆漆的，没有仔细的描画，或没有瞳孔，没有视野的远近。你曾对俄国犹太裔画家好友柴姆·苏丁说：塞尚的人像，跟大部分美丽的古典人像一样，不看望；而我的刚好相反，他们看望，尽管我没有画上他们的瞳孔。是的，你画的，一个牢牢望着人但又不怎么望着人的人儿。深藏不露，神秘而深邃而骄傲。眼睛，欲望而不望。灵魂的收藏。你叫人仿佛看到那灵魂的轻轻颤动。要爆未爆的感情，膨胀，在等待。

你知道，荷兰画家伦勃朗画人物的眼睛有神，即如他的自画像，年轻的年老的，他都以明暗对照去呈现人物的眼睛，那个时代称之为灵魂之窗。是的，你不单背离伦勃朗，你也不跟随法国画家安格尔的教训。塞尚对安格尔的画不以为然——他画的人物总是那么平

亚美迪欧・莫迪里阿尼《柴姆・苏丁像》(*Portrait of Chaim Soutine, 1916*)

滑，那对生命圆润的描画实是假象。这样的评价无不给你一个肯定：宫廷画家的一套不合时宜；艺术学院严格的要求不必遵守——可以想象，你要跳出建制，你想打破制度。

的确，塞尚对你不无影响。他提出以形状来呈现物。物不是实体的形状，而是拉长或阔的延伸。你的人像，看似差不多的面貌。你的人像，平面，而立体。单调，而丰富。欲举手投足而静止，欲说而不说，欲近而不能近，疏离而拥抱。不刚烈，不热情，而热情而刚烈。你称你的人儿们：温柔脆弱的支柱。你的人儿们，简单的线条，简洁的内容，一个很微小轻细的姿态，一个人物生命的充沛。在这抬起头或垂下眼帘懒洋洋地伸展，你放松、放纵或放逐。那又像是反对周边世界的一个姿态。

画家贫穷画家吸毒酗酒放纵不羁画家画画。

你生活在贫穷中。你的好朋友苏丁说：贫穷并不新奇。画家与贫穷，天生一对似的，对某些人，对你。是的，因为贫穷，你多次搬家，你由蒙马特搬到蒙帕纳斯，你曾住在好些来自东欧的年轻人，如马克·夏加尔都居住在叫“蜂巢”（La Ruche）的地方；你住得潦倒吃得潦倒穿得潦倒，你变得很放纵。自从你波希米亚以来，你的生活翻天覆地。不知从什么时候开始，你饮苦艾酒，你吸食大麻；你跟好朋友莫里斯·尤特里罗和苏丁在画画之余，一起酗酒；你在派对中狂欢大闹，你脱得一身赤裸；你咳血，你的健康每况愈下；你在街上溜达，你跟情人在街上拉扯狂吼。黑眼睛漂亮的年轻画家，风流倜傥有魅力，你那么波希米亚，你到处留情。你的英国诗人情人比阿特丽斯·海斯廷斯曾形容你拥有复杂的性格：你是一头猪，你又是一粒珍珠。

莫迪里阿尼，画家，犹太人——战前巴黎，犹太人可不是受欢迎的裔族——你对陌生人自嘲介绍。在蒙帕纳斯，你的昵称诨名Modì，跟法文maudit同音，即被诅咒的意思。是的，你像是被诅咒的。你的画不卖钱，或者卖得很卑微，就一顿午饭或一杯酒的钱。画，不值钱的东西，你甚至把早期你认为不怎么进步的作品一并摧毁。你曾戏言：我只有一个买家，而他是瞎的。你的朋友画商波兰诗人利奥波德·芝波罗夫斯基欣赏你，为推销你的画而努力奔走。1917年，你第一个个人画展在巴黎的伯特·威尔画廊举行。画廊的玻璃橱窗前挂有一幅裸体女子的画：经过的人都注目。画廊对面有一间警局。大量的人拥到画廊引来警方的注意。那么的一个禁忌张扬——警方命令画廊把画除下。你唯一的个展惨淡收场。关爱你的芝波罗夫斯基先生说：莫迪里阿尼是众多星星的孩子，但他那世界并不存在。

你在蒙帕纳斯或蒙马特打转。一个咖啡馆一个咖啡馆地走。画家诗人作家评论家摄影师艺术家法国人外国人年轻的人都在这里那里流连。你从一个便宜的地方搬到另一个更便宜的地方。搬一次家，你都留下小小大大的画——可怜的房东没有收到你的租金之余，还见你留下一大摊垃圾，气得将一幅幅一堆堆的画，撕毁、丢弃。扔不掉的，是你在其中一间工作室墙上的写画：你并没有活着除非你知道你在活着。活着的孤独的人儿，浪荡，人皆敬而远之的酗酒鬼。你知道毕加索有一个“蓝色时期”，那么短暂且接着来了一个“玫瑰时期”，你的蓝色时期却拉扯十多年。你像你的人儿，躯壳般，扭曲、自由地。

1920年，你因结核性脑膜炎去世，时年35岁。深爱的人死后几天，你的俄国妻子珍妮·赫布特尼坠楼自杀身亡，当时她身怀9个月的第二胎。

画家画画。

的确，怎么看，你都不是一个看来坚强的画家。人前，你生活凌乱率性不羁，你嬉笑怒骂任意妄为，你放浪形骸，你醉倒。人后，你画画。你或放纵不羁，但你从不放下你的画笔。你的画，感性性感，有个性。表面看来安静的人们的创作者，你是如斯地不安。你画世界的稳定与现实世界的不稳定——你活在混沌与平安之间。你的画告诉我，你倔强，但温柔。简单说，你不妥协。

你埋怨你的意大利眼睛适应不了巴黎的光。我想，你的意思是，你生长于丰饶的传统跟你生活于追求突破传统的矛盾。离开了文艺复兴以来的包袱，接受了巴黎多样性的发展，你好像什么也把握不到，或者，但，事实上，这样独立于传统而又不受其时所影响，你的人像，古典又有点现代，冷酷又潜藏热情。这是你的风格。

是的，你或放纵不羁，但你从不放下你的画笔。画家活着画家

亚美迪欧·莫迪里阿尼《坐着的珍妮·赫布特尼》(*Portrait of Jeanne Hebuterne, Seated, 1918*)

活过。因为画的画卖钱，因为能够画画，画家是快乐的。画家不可能不快乐。他/她创作，他/她快乐，不快乐是快乐的一种。如德国作曲家路德维希·范·贝多芬，他耳聋，孤独，他认为艺术家得把他的（不）快乐放到生命去。你画人物，如画自己的灵魂。在画布上，在别个人像颜面上，我看到（你）忧伤而骄傲的灵魂。快乐。贝多芬写道：只有艺术家或者学者把快乐带进自己生命。

生命不能白活，为理想目的，人会活得伤痛。你读尼采。如此，你相信：美丽，有一些痛苦的承载；这些承载是创造灵魂最美丽的表述。是的，你那意大利眼睛不能适应巴黎的光。像音乐，那画的，在，如不在，近，而远离。被画者近而远离，画者远离亦趋近。静穆的氛围，静的声音，淡薄而激烈，强悍而内敛。你画有关爱与被爱，肉体与灵魂。那爱包含忧伤、悲哀、远离。你（画的）一面冷淡，有距离，一面而渴望。是的，画者你好骄傲。是的，你年轻早逝，但你做了你想做的。俄国雕塑家雅克·里普希茨说。

坐在咖啡馆，你画。我坐在咖啡馆，我在等着你。

你的安娜

亲爱的安娜：

是的，我爱我曾经的波希米亚。我爱在咖啡馆喝咖啡喝酒抽烟聊天打哈哈。但，你知道，我更爱绘画。我绘画你——你曾是我的缪斯。是的，你和我的生命史前史，在巴黎。虽然巴黎的光——我那意大利眼睛适应不了。我把我的快乐带进短暂而激烈的生命里去。

亚美迪欧

07

马克·夏加尔×玛丽·瓦西列夫

发信人

玛丽 · 瓦西列夫（Marie Vassilieff，1884—1957）

俄国画家

收信人

马克·夏加尔（Marc Chagall，1887—1985）

俄国表现主义

亲爱的马克：

你好吧。不多久前，一位不太相熟的画家朋友到我居所探望我，看我的画。我们在厨房喝茶。一面墙壁上挂有一幅你的《三根蜡烛》（*The Three Candles*）的复制品——事实上，我在蒙帕纳斯的工作室曾展出你的作品。你知道，那些年，玛丽 · 瓦西列夫的工作室——我的工作室，是好些新锐艺术家们的汇集点：亚美迪欧 · 莫迪里阿尼、柴姆 · 苏丁、胡安 · 格里斯和尼娜 · 哈玛尼特等——然后我们谈起你。我们翻你的画册，我们谈你的画。看你的画，或者把你的画的复制品摆在眼前，叫人感到明亮开怀、快乐。我和朋友都这样觉得。阳光从一面墙壁的窗外晒进来。我很久没有跟朋友谈画/画家了，而且是不相熟的朋友。我们谈了一个下午。

我知道，在厨房中的日常起居饮食以至于人们在这里进进出出，你是非常熟悉而且感到愉快的。在你家乡白俄罗斯维捷布斯克就有如此景象——你知道，我跟你很是接近：我在斯摩棱斯克出生长大——敞开的房子，周边的叔伯婶母邻居串门子，还有传教人、收买者、乞丐、陌生人，相熟的人不相熟的人，在这个犹太地区来来回回，熙熙攘攘，入屋坐坐，沸沸扬扬，讨一杯茶，闲聊或不谈话——叫别的人费解的国度，而赋予年轻的你一片生气勃勃的景象。你的父亲是鱼贩，你的母亲经营一间服饰用品的小商店，9名子女，你排行第一。简单的家庭，质朴、勤劳、友爱、仁慈。你在如此开放开扬的犹太家庭成长。

我听说，对创意文艺，你一学即晓，而且成绩优良：学唱歌，你梦想当歌者；学写诗，你想做诗人；最后，你选择画画。1907年，20岁的你到圣彼得堡学画——事实上，1903年，我已经在圣彼得堡念艺术，那时候我刚满20岁。1905年，我来到巴黎，比你早来了几年——1910年，跟好些向往欧洲法国巴黎的外国年轻人准艺术家们一样，你来到这片绘画圣地。抵达巴黎，你马上到卢浮宫看前辈大师们的作品：让·富凯、伦勃朗、夏尔丹、德拉克洛瓦，你欣赏近代画坛上重要的画家：马奈、塞尚、凡·高、乔治-皮埃尔·修拉，你当然也不会错过当代举足轻重的人物马蒂斯、毕加索，等等——你看画者如何把他们的世界化作艺术。

画是一个世界，画是一只窗，巴黎是一只窗。在巴黎，你住到蒙帕纳斯诨名“蜂巢”的地方，那里住有毕加索、马蒂斯、乔治·布拉克，还有好些来自东欧的年轻人，如苏丁、瓦西里·康

亚美迪欧·莫迪里阿尼《玛丽·瓦西列夫》(*Marie Vassilieff*, *1918*)

定斯基，还有其他欧洲国家的年轻人，如莫迪里阿尼、胡安·米罗、翁贝托·波丘尼、马克斯·恩斯特等。“蜂巢”细小密集，谁人在唱歌、念诗、弹琴，谁谁谁在高谈阔论，谁跟谁在吵架，你都听得一清二楚。是的，年轻人都是如此这般混在一起，相熟的不相熟的互相串门，搭讪扯谈，认真的、随意的，一句两句，或者一个下午一个晚上。有时候你会到罗伯特·德劳内和索尼亚的工作室，那里是好些其他人的集中地，他们谈论后印象野兽派立体主义，他们成立“黄金分割沙龙”（Salon de la Section d’ Or），他们提出奥费主义（Orphism）；诗人纪尧姆·阿波利奈尔指出：在“分析立体主义”（Analytic Cubism）拆解物象，使画面呈现重叠交错形象的基础上，作品须有明确的结构、崇高的主题，让人感到美的愉悦。每一个下午或晚上，这样那样的讨论。你在一旁听得着迷。

的确，自19世纪后半叶以来，巴黎渐渐成为欧洲现代艺术的重心。画家诗人作家评论家摄影师准艺术家们都聚居在塞纳河的左岸和右岸，即蒙马特和蒙帕纳斯。我听说，跟你要好的阿波利奈尔曾如此形容：蒙马特满是伪装的艺术家，古怪的工业家，还有懒洋洋的吸食鸦片的人；相反，蒙帕纳斯那儿都是真正的艺术家，穿着美式服装。当然，这个说法不无主观有待商榷。但，搞立体主义的毕加索已经从蒙马特搬到蒙帕纳斯，那个时候，他大概算是一位真正的艺术家。无论如何，真正或不真正的艺术家们，都可以在蒙马特或蒙帕纳斯租住便宜的居所——老旧破烂、肮脏湿冷、无电和煤的供应、没有自来水或排厕设备——但附近有便宜的小餐厅咖啡馆：咖啡馆小餐厅有卫生间有暖气；画家诗人作家评论家摄影师准艺术家们都爱在这里那里聚头，喝咖啡喝酒说三道四交换消息。大战前，蒙帕纳斯区内的啤酒小店更是你们一伙外国年轻人聚头的地方。是的，你也到我开设的食堂吃东西，我的收费很便宜。生活，还是可以的。

是的，你跟其他的画家诗人准艺术家们在贫穷中生活。在“蜂巢”中，你们各自创作。美国艺术评论家克莱门特·格林伯格曾指出，生活在当时巴黎的东欧人，不管搞什么形式的艺术，如果要保持自己的身份，是犯了最基本的毛病。换句话，住到山上或边缘的蒙马特或蒙帕纳斯的人，要真的穷，里外都得穷——初来乍到的意大利小伙子莫迪里阿尼曾经里外穷得不一致而叫人家看不起。但你不一样，你来自白俄罗斯一个普通的犹太家庭，你明白贫穷。我听说，星期一你吃鲱鱼鱼头，星期二你吃鱼尾，其后几天你吃剩下来的鱼和面包碎。你穷，你不埋怨。20年代初，一位名叫欧内斯特·海明威的美国作家来到巴黎，他曾这样形容：当我肚子空空饥肠辘辘，我在卢森堡博物馆中闲逛，这个时候，那里的画显得更清晰美丽；饥饿让我更懂得塞尚如何绘画他的风景画——塞尚在饥饿中绘画吗——他大抵是废寝忘食而已。是的，年轻作家贫穷，饥饿是宝贵的锻炼。是的，贫穷是好的。它让人学得接受、忍耐、专注。它让你学得在巴黎生活，仍保持自己是外国人的身份。

那时候的西方艺术的颜色，结构形状，法国巴黎的，讲求客观知性、重理论分析。当别的画家浸淫于或立体主义或野兽派或后印象主义，你的历史背景为你提供了另样的基础。你画画——马牛鸡羊、雀鸟、鱼、房子、教堂、音乐乐器、蜡烛台、花、太阳月亮、天空、翅膀。生气勃勃的世界里，有你家乡的花草树木、家畜昆虫、民间传说、地方故事、宗教神话。你的画——如梦、如记忆、如幻象，若隐若现，怪诞有趣，片断，丰富，多层次。是的，你内向、敏感、含蓄。你看你听，你接触周边物事，你幻想，你爱做白日梦。

白天，晚上。蓝，是快乐的蓝，那是夜，是日。黄，是跳动的黄，那是天空，或地下。人鸟兽，在地上，或半空。东西物事琐琐碎碎，在顶端或末梢，悬置飘浮的，开怀、跃动，都是快快乐乐的。在乡村的天空，在月色下，在房子的顶，在屋里，在窗前，还有音乐。

如果巴黎教懂人有关迷路的艺术，透过你的画，我知道巴黎。打开了的窗，一头黄色人像的猫儿蹲在窗前，中心远景埃菲尔铁塔，一个跳降落伞的人，几个倒转了的火车车厢，一男一女绅士淑女打扮横亘在半空，近景一个双面人一脸蓝色、一脸橘黄，一颗黄色的心在他蓝色的手心上，一只椅背上都是细碎不同模样的花，几何块状的颜色的天幕。巴黎，如此。

是的，我看《窗外的巴黎》(*Paris Through the Window*)，我看到你看到的巴黎和埃菲尔铁塔。19世纪中业工业革命发展发达，进步国家在建设上采用新物料如钢铁。巴黎政府不甘人后，在古斯塔夫·埃菲尔的设计下，以新物料、新方法建造一座庆祝法国革命100

周年和万国博览会的纪念塔。如此，差不多12000多个金属部件以250万颗铆钉组装起来。1889年，高300多米的铁塔成为当时世界上最高的建筑物。一时间，大家无不被这冰冷的怪物吓坏了：它一点都不符合传统的美学标准。当然，在谩骂与不屑声中，铁塔被接受下来，且成为现代巴黎的象征。

世界在改变，巴黎在改变。铁塔，火车地铁，凯旋门，香榭丽舍大道，广场百货商店，拱门石板路大街喷泉，新桥雕像公园，展销会、商场、画廊、博物馆，咖啡馆、音乐厅，作家、诗人、音乐家、画家，等等。巴黎，在呈现新世界的样貌。的确，巴黎是新世界——蒙马特或蒙帕纳斯是国际化的艺术和知识分子的中心。在一间咖啡馆，作家坐下来，从口袋掏出铅笔和笔记本，开始书写——整个巴黎属于我，而我属于这笔记簿和铅笔。尽管贫穷，海明威享受巴黎。是的，那些日子，很多人都跑到蒙帕纳斯和拉斯拜尔的林荫大道上的角落的咖啡馆；大家都想把生命的不朽留下来。海明威又如此形容。巴黎为现代艺术的多样化与开放性提供了一个平台。二十世纪一二十年代的绘画艺术革命在这个城市百花齐放。几经实践，创新成功的英雄继续上路，或成为主流，入不了主流或不肯入主流的更年轻的准艺术家们对世界作出另种呼喊，走向表现形式或达达或超现实或其他。的确，巴黎有好多只窗——你打开你的窗，外望、想象、翱翔。

你天生是一位画家，尽管有点笨拙。格林伯格又这样说。无疑地，塞尚或马蒂斯或毕加索都在致力于开拓创新。后印象、野兽派、立体主义各具特色，但你不追随任何大师主义，你在其中取得你需要的养分。你绘画物的造型结构，自然直接。你不放弃每一物：物和物充塞画布每一个空间角落。物的位置大小高低不一，你呈现物的多面相多点透视。你的色碟颜色斑斓，你赋予的物多彩多姿。你赋予物象征意义，那是你祖家为你提供的丰富视觉符号语言。你的确"笨拙"——你把东西文化个性长短什么的都画到画布上去——你的神话，你的想象空间混合了西方古典与现代的结构，你的主观粗糙结合巴黎的精致客观，如此，你的笨拙成就你的画的原创性。

笨拙的你的画，乱哄哄的，孩子气般的凭空幻想——像怕浪费画布上的空间，这里你画一只鸟，那里一只鸡，还有鱼、花卉、食物、翅膀。怕错过了遗留了什么，像是后来补上的，你画得满满的。对于被屠杀的动物，如牛，在你的画里，也总是温和的：你，小母牛，赤裸裸的将要被杀，你会在天堂里造梦。是的，你的画的图像在联系家乡宗教传说：牛，是充满力量。草木，是生命。小提琴手，音乐，生、死、婚宴的纪念。马戏，是创造。蜡烛台，安息日。人与动物，爱与和谐。窗，看望向往。天空，高耸，飞翔。

你在画布上自由飞翔。你说：我们依旧害怕掉进混乱，害怕砸破我们脚底下那熟悉的土地，把它翻转过来。你不怕混乱，你心无旁骛，你的邻居谈得兴高采烈酗酒胡闹，在很嘈杂的地方在很狭小的空间，你继续在工作室的窗侧绘画。你的邻居莫迪里阿尼曾埋怨他那意大利眼睛适应不了巴黎的光；你却迷醉于这城市的光：开放自由。

你简朴直率纯真，你不过分热情不冷淡你不造作不计算你绘画。

绘画，一种想象力自由驰骋的空间和舞台。是的，你的祖家为你提供丰富的视觉语言。你的画，令人感到快乐——看你的画，或者把你的画的复制品摆在眼前，人为之明亮开怀。是的，是的，画，总得有那么一种魅力，因为颜色、结构、布局、技巧。但，最重要的是有一颗爱的炽热的心——人生命中有一种色彩，就像画家的调色板的色彩一样，赋予生命和画的意义：那就是爱的色彩。你说。

超现实主义推动者安德烈·布勒东曾写道：1911年，透过夏加尔一个人，象征性在现代绘画上打开了一度胜利的大门。人说你是超现实主义画家，你比超现实主义画家的色彩结构来得丰富开扬。人说你是象征主义画家，你说你的画世界是现实的。的确，如梦如幻的，比眼下的世界，更真。人叫你作诗人，你说你是画者。画者画他心里面的诗歌，丰饶和谐，欢乐愉快。画/世界：它的名字叫俄国。

你的画叫人知道，我们的历史我们的感情是重要的资源财富。不要尽取他人，不用完全沿用西方的。你经常把你的画/世界带在身边。你在其中，充实充满、有爱。布勒东又写道：那些精彩的色彩包含和改变了现代生活种种的不安，但透过绘画本性的喜乐——花和爱的表述——保存着古老的单纯。画/世界，总在我们的周边。

后来，跟我不太相熟的朋友继续绘画。后来，我到展览馆看他的作品。他跟我说，他曾到我居所探望我，看我的画，我们在厨房喝茶，一面墙壁上挂有你的画的复制品，我们谈你，我们谈你的画。阳光从一面墙壁的窗外晒进来。就这样，我想起有关你的故事。

玛丽

亲爱的玛丽·瓦西列夫：

谢谢你的来信。谢谢你为我打开了好一段日子没有打开的窗，好让我呼吸那空气，和我曾迷醉的开放自由的光。

马克·夏加尔

08

翁贝托·波丘尼×萨莫色雷斯的胜利女神

发信人

萨莫色雷斯的胜利女神（Nike of Samothrace）

希腊神话中的胜利女神

收信人

翁贝托·波丘尼（Umberto Boccioni，1882—1916）

意大利未来主义

亲爱的翁贝托·波丘尼先生：

一辆如炮弹般飞驰的汽车，比萨莫色雷斯的胜利女神更美——未来主义的宣言中有这样的描述——我相信一辆汽车的美，在它的设计和质料，在它的颜色大小与设备，在它如炮弹般的飞驰。但，它的飞驰比我更美——我大惑不解——请原谅我的直率。是的，我是萨莫色雷斯女神：我拥有一对美丽有力的双翼，我是胜利勇敢飞翔的象征。

我打开20世纪初的事件簿。1909年，巴黎《费加罗报》的头版——当时欧洲大陆一份很畅销的报章——意大利诗人剧作家菲利波·托马索·马里内蒂发表了《意大利的未来主义宣言》（*Manifesto of Italian Futurism*）：艺术家要彻底打破传统艺术的堡垒，以崭新的内容和技巧来呈现新世界工业发展带来的新现象：速度——速度让世界变得美好——马里内蒂的宣言得到你和几位意大利画家，贾科莫·巴拉、卡洛·卡拉、吉诺·塞韦里尼和路易吉·鲁索洛的认同；1910年，你们先后签署及发表了《未来主义画家宣言》（*Manifesto of the Painters*）及《未来主义绘画技法宣言》（*Technical Manifesto of Futurist Painting*）。

的确，欧洲大陆进入新纪元。风景从乡郊转移到城市。工业发展，经济发达，机械化电动化带来了前所未有的社会改变。一切东西物事的运作在进行中，一切都包含节奏和速度——快。这是新社会的一个重要标志。19世纪末20世纪初的巴黎：埃菲尔铁塔、世界博览会、新兴的建筑、进步的科技、汽车、铁路、急遽的步伐和繁忙的交通，林荫大道上的百货商店、咖啡馆、餐厅、沙龙展览馆和公园、音乐歌舞、戏院和剧团、刊物书籍、文化艺术、一切物质的消费和非物质的消费，丰饶富裕、沸沸扬扬。巴黎，一个生产活力、荣耀与革新的机器。巴黎代表着人人向往的一个新世界，相对平等和自由的国度，人人趋之若鹜的城市。是的，巴黎成为艺术文化中心，充满可能，处处生机。人人都想到巴黎，在那里念书看画，成为一个画家、艺术家、作家、诗人，在那里展出作品，发表文章，在那里逛街、看风景、看建筑、感受城市种种的新奇。

是的，风景已从乡郊转移到城市。这个时候，意大利仍沉醉在文艺复兴时期以来的辉煌文化，或显得落后。你和其他未来主义者想唤醒沉睡的巨人——静止了的文化艺术，停留在几个世纪以前的丰盛，你们以进取的宣言和行动公告世界——博物馆式的传统艺术文化得要打破，取而代之的是新世纪、新景象、新语言、新风格。作为意大利人，你们义不容辞地扛上一项文化工程——你们拥抱工业发展：工业代表着现代和现代的美；你们拥抱工业发展中社会种种改变的速度，你们拥抱速度，你们赞美速度的美。是的，速度显示事物在运作、在延续、在行进中，速度让你们充满活力。你们充满热忱，你们有勇气，你们敢于挑战，你们歌唱有关危险和莽撞的经历。

如此，你们把主义宣言放到巴黎一份重要报章上——费加罗是法国文学中一个受尊敬的人物，他的座右铭：没有批评的自由，则赞美无意义。你们准备在巴黎展出：这是一个非常任务，就像把艺术文化重心攻下，让人，尤其意大利人感到兴奋。未来主义，不能不说是一个有着强烈民族意识的文化运动。事实上，这是马里内蒂对未来主义的野心。

1911年，马里内蒂在巴黎筹办一个有关未来主义的展览。展览前几个月，移居在巴黎的塞维里尼返回米兰，看见友人画家们的作品，说：你们真的落后于人——巴黎的艺术发展已一日千里。在如此的棒喝下，你们一行几人出发到巴黎探个究竟。巴勃罗·毕加索和乔治·布拉克早已开展一场艺术革命，两位画家找寻物体在画面上的立体语言：物体的多面性、多角度，如何并置呈现。立体主义探索物体的真实性，这给你和其他未来主义者带来莫大的冲击。

翁贝托 · 波丘尼《城市的兴起》(*The City Rises*，*1910*)

在一班未来主义者中，你紧随理念的发展，你努力工作：绘画与书写有关理念。是的，你发疯了似的观看、吸收，你努力绘画。立体主义和你曾接触新印象主义画家的点彩法，让你在绘画上发挥跟未来主义相关的技巧和概念。

你画——城市的兴起。罗马门城外的工厂模样，展览场上人群的骚乱，在阳台上往街道外望的女子，人物、建筑、高楼、工厂、工厦的烟囱、墙壁、玻璃大门、街道、街灯……一切都在运作；人或物各自朝向一个方向，疾走、躁动。人物、东西都混在一起，旋涡似的一起旋转。是的，一切都在运作转动：城市里头的人，城市里头的建设，或者城市里头的声音，一切都在运作中。未来主义强调：人成为画面的中心。你和你的伙伴们把观者放到画面的中间去——的确，观者仿佛就在画中，得要跟随画面上的物件的转动或旋涡走去。透过画，观者看到你画城市里头的一切，观者也听到画面以内和以外的噪音声响。那是一个兴起的运作中骚动中的城市，而一切都连接起来——混乱、非理性而又有序，画面上，一切都以颜色线条连接起来：城市中心有长着翅膀的马在飞翔；阳台上的女子的衣服上依附了长有双翼的希腊神祇珀加索斯。飞翔，一个象征意义。是的，一切东西物事都在飞翔。

未来主义者相信，当绘画一个人的时候，画者不单在绘画一个人，画者在绘画一个人跟他存在的空间的关系：他的身体依附周遭环境，外面的世界跟他联结着。的确，没有东西物事是独立不相互关联的。法国哲学家亨利·柏格森相信生命在不断变动的概念对未来主义者的绘画产生影响。柏格森认为人的生命是意识的绵延，即意识不断。如此，所有东西都在动、不断地移动、改变中，一切都是有活力的，而它们之间是不会切断分割的。要描绘这样的状态，你以连接的线条表现物的动力——这样，画面的空间不再存在——空间让位于所有物的接触，空间都是有关所有物的关系，由是构成速度感。

城市、街道、高楼大厦和工厂、室内与室外、灯光、人，你把具象化的具体情况以连接的笔触联系起来。人和物在机械化急遽地运动，人和物以机械倍增般呈现。节奏速度，急遽，那是有关城市生活，那是有关情绪氛围，精神状态。现代城市特色的绘画，新的艺术语言风格成形。

1912年，未来主义画家的作品在巴黎的伯恩海姆-热恩画廊展出。你们一伙未来主义者制造了很多声音和回响。你们相信，展览是一项社会活动；艺术是要制造兴奋和论战的。声明宣言是一种方法策略，但你们的策略形式多得很：在街上喊叫宣传、办剧场和音乐会、搞集会或研讨会、制造骚乱……这都是有效联结、讨论和发放信息的渠道。对你们来说，最理想的集会不是能汇集多少人，而是集会诱发至走到不同酒吧或上街游行，引人注意甚或反感，然后发展成骚乱，好让媒体争相报道，放在第二天的报刊头版。的确，你们相信，文化运动的成功，要懂得制造舆论，要引起广泛人民的兴趣、认同和参与。事实上，那个时候在意大利，有关活动在社会上引起炽热的反响，人会问：啊，你是未来主义者/艺术家。可以想见，你们的策略是有效的。

巴黎之后，你们的展出延伸到伦敦、柏林、阿姆斯特丹、苏黎世、维也纳、布达佩斯等地方。对马里内蒂来说，这一趟巡回展览是成功的：未来主义画家的作品在欧洲好几个重要城市展出，有三百多篇相关的报道文章，有超过一万法郎的卖画收入。20世纪初，未来主义——意大利/人——闯进了法国巴黎。

未来主义在巴黎的展出是成功的——纪尧姆·阿波利奈尔在权威的文学刊物《法国信使》(*Mercure de France*)上撰文。这位具个人魅力和影响力的法国诗人说，翁贝托·波丘尼看来是未来主义的灵魂人物——他关注精神状态。是的，你绘画的是一种精神状态，那是未来主义的一项精粹。但，诗人认为你们的作品不及宣言般革新。有关动力的呈现，立体主义画家已经做得很好了。阿波利奈尔说。换句话，未来主义者言过其实；你们的作品未算成熟。对周边好朋友探究立体主义义无反顾作出支持，诗人的捍卫叫人喝彩，但如此形容未来主义，的确叫未来主义者懊恼生气。当然，你们是不愿当立体主义的表亲、占那次等的角色位置。但，立体主义对你或其他未来主义者的冲击，又是明显不过的：你们从立体主义分解物的形体那多面向多角度的造型语言中，找到了符合你们想要追求表现速度动力感的方法。

未来主义的探索是成功的。你们开启了打破传统艺术堡垒的勇气，尤其在有如此深远文化传统、丰厚艺术遗产的意大利。尽管阿波利奈尔曾说三道四，他认同你们一伙人的革命性的要求，这对年轻人的影响是正面的。但，未来主义的运动很短暂；第一次世界大战把一切都摧毁了、切断了。

第一次世界大战，你跟好些未来主义者走上战场。大战中，你在日记上写下秘密的话语，不无恐惧但又兴奋，在显示复杂的爱国情绪：这是精彩的、奇妙的、恐怖的事情。在山区中就像跟无限在作战，雄伟、巨大、生与死。我感到高兴。你又给巴拉写信：你得要以你巨大的未来主义般的勇气来迎接未来——我们会创造伟大的事业，如果战争后，我们得以存活下来。“一战”中，参与战争的未来主义者，受伤的有41位，去世的有14位，你是其中之一：1916年8月，你从马匹上坠落，重伤不治，时年33岁。

是的，你曾表示愿意为国家牺牲，你为此感到骄傲。作为一位未来主义的革命者革新者，战争的暴力带来极端的刺激，就仿佛你们一伙未来主义者的宣言：以暴力之名，去保卫艺术的尊严。你们的口号：以暴力去打击所有让生命变得丑陋的——万岁！要打破旧有制度的僵化，要攻击传统艺术学院式的垄断，创作创新，需要勇气胆量，反抗起义。只有暴力才能推向极端的时刻，而极端的时刻就是真正的自由，暴力与自由。所以，在创作上，在创作的举措上，你们赞美现代城市生活内容的科技与速度，制造疯狂的不可理喻的奇奇怪怪的滋扰的声音，引人注意——未来主义曾赞颂现代战争，认为那是艺术终极的形式——打破一切。是的，暴力可以是极端危险的意识形态与行为。偶有不慎，或会演变成纯暴力、很法西斯的行为。

暴力过后，大战过后，星火燃烧过后，人各自找寻出路。未来主义的冒起，未来主义的消逝，不过几年光景。人的精神状态又走到了另一个三岔口。大战后，一切复苏中，一切从头开始；画家艺术家或走向抽象表现，或继续反抗传统标准，反对社会。以文化暴力侵略性的表现来攻击现行的文化和道德的标准价值，其后的达达运动或超现实主义所关心的语境跟未来主义大抵很是接近；但，这一切没有你的份儿。

1916年，你最后一幅画：你画意大利作曲家费鲁乔·布索尼——人物在大自然中——是的，你感到大自然的力量，你想到了保罗·塞尚——你绘画如塞尚对物体的坚实表述和呈现。画面上没有变迁着的社会面貌，没有线条连接的笔触，没有急遽的疾走，没有挥动的速度。是的，你在尝试找寻一个整合的方法，你或在想，如何呈现新世界新的精神状态…… 尼采曾说：谁要做创造者必先懂得去破坏。或者，破坏后的重整与创造，想是最重要的。

是的，你大抵不再对史诗般的描述或社会现象或人的精神状态或速度的美感到兴趣。但，炮弹般的飞驰是真的美丽，请相信我。

萨莫色雷斯的胜利女神

翁贝托·波丘尼《费鲁乔·布索尼》（*Portrait of Ferruccio Busoni*、*1916*）

尊敬的胜利女神萨莫色雷斯：

我相信炮弹般的飞驰是美丽的，我相信短暂的运动是美丽的。因为短暂，我努力飞翔。是的，谁要做创造者必先懂得去破坏。最后，我坠落。其后——我没有答案，但，我相信创造将会继续。

翁贝托·波丘尼

09

格温·约翰×《逛街：伦敦探寻》中的女子

发信人

在伦敦街道探寻的女子

弗吉尼亚·伍尔夫《逛街：伦敦探寻》(*Street Haunting: A London Adventure*)中的角色

收信人

格温·约翰(Gwen John，1876—1939)

威尔斯表现主义

亲爱的格温·约翰女士：

你好。我想向你请教一个问题。有一天，我出门，走在伦敦街上。我莫名兴奋，战战兢兢。我要买一支铅笔——你大概要笑话我了——是的，我是英国作家弗吉尼亚·伍尔夫笔下《逛街：伦敦探寻》(*Street Haunting: A London Adventure*)中的角色：我要买一支铅笔。在现代大城市里头，我走了一整天，我感觉新颖有趣。我不无迷失慌张。

对于你出门——离开家人走到伦敦，再离开伦敦走到欧洲大陆巴黎，大概是很不容易的一件事。这，我不无诧异又感到敬佩。

那是19世纪下半叶20世纪初的国度。1876年，你出生于威尔斯。你有一个比你小两岁的弟弟奥古斯塔斯·约翰。那个年代，女孩子没有接受教育的机会：弟弟在原居地上学，你留在家中；弟弟读寄宿学校，你留在家中；弟弟要到伦敦斯莱德美术学院接受艺术教育，你留在家中。你体会到男女的不平等，你不甘心，你蠢蠢欲动，你锲而不舍地说服父亲，让你随同弟弟往伦敦接受艺术教育——斯莱德美术学院在1871年创办的时候已同时招收男女生——幸好，你父亲开明，就这样，你出门到伦敦学习与生活；你接触到可以互相砥砺而热衷艺术的同龄女子。我听说，你的作品得到师长的赏识。我又听说，女生的成绩比男生好。

19世纪90年代，艺术为你打开了一个缺口。你呼吸外面的空气，你不再想回头。1898年，你到法国巴黎——你知道，这是你的国度——1903年，你决定离开英国留在巴黎。巴黎，19世纪末的美好年代。工业革命带来经济发达，文化艺术发展成熟。巴黎，有艺术学院，有画廊展览馆，有独立沙龙、秋季沙龙，有博物馆：卢浮宫满载拿破仑的战利品，当然还有许多法国和外国重要画家、艺术家们的作品。学习艺术，舍巴黎其谁。

是的，巴黎，外国年轻人趋之若鹜要朝拜的艺术圣地，也为女性提供学习艺术的机会。1897年以前，巴黎美院不接纳女生；19世纪末20世纪初，法国雕塑家罗丹和美国画家詹姆斯·麦克尼尔·惠斯勒分别开办私人艺术学院以前，克拉罗斯艺术学院和朱利安艺术学院等已为女性大开方便之门，虽然听说学费比男生来得贵，修读的女生大不乏人。创办于1868年的朱利安艺术学院，据说在1873年的30个学生中就有大概10个女生；1877年，女生亦可以参与人体写生课。

人体写生，绘画和雕塑必需的基本功——艺术训练的入门。艺

格温·约翰《抱黑猫的年轻女子》（*Young Woman Holding a Black Cat*，1905—1920）

术训练，在艺术学院。艺术学院以前，有私人画室的师徒制的训练。艺术学院——无论是意大利或法国或英国或美国，在16或17或18或19世纪——学习解剖与几何、雕塑及版画、透视跟颜色、理论和历史。学生临摹前人作品：素描、油画、雕像。人体写生：画室内，模特儿脱去衣服，裸露身体，摆姿势；艺术学生，描画。那是过去的画者开展宗教神话历史画中人物的基本训练。

换句话，学习人体写生，是成就为（伟大的）画家、艺术家的基础：绘画史诗式的画——宗教与神话中的缪斯女神或天使——是画家的正名。缪斯女神或天使都是裸体的。大部分的画家是男性：艺术学院的学生和模特儿，大都是男性。而女性学生不得参与人体写生。换句话，女性没有成就为（伟大的）画家艺术家的机会。

17世纪中至18世纪初的艺术学院，本来是有女性学员的，不知怎的却又渐次被拒了。1772年，约翰·佐法尼的《皇家学院的院士们》（*The Academicians at the Royal Academy*）是很好的注脚：英国皇家学院的画室内，三十多个学员，男性；两个裸体模特儿，男性；当时两位女性学员安杰莉卡·考夫曼和玛丽·莫泽也在画中——她们的肖像画挂在画室墙上，即画的右上方。女性：你的裸体，可以入画。女性画家：你可以画男女人像、花卉和水果。女性画家的存在：不存在，或如此虚拟。

人体写生——绘画人体，是不容易做得好的绘画艺术。人的裸体，我们画：我们的无知的眼睛，张开，由眼睛而脑袋而手。我们先画头：头是脑，承载智慧，人在纸或布本的中央，天地人——人由八个头的高度组成。这以后，我们画人像，我们画我们看到的，我们也画我们看不到的——衣物下的肢体：明白肢体，即明白衣物褶皱的形成。我们画穿着衣物的人，即同时画穿着衣物底下的身体。达·芬奇说绘画是理论，绘画表现聪慧。米开朗基罗说绘画用的不是手而是脑袋，那是内在意志的视觉表现。这聪慧与内在意志的训练，却不给予女性学生。

不曾给予女性的，在20世纪初慢慢改变过来。那时候的巴黎，对来自英伦海峡、北美及其他欧陆的年轻女子，是一个摆脱世俗成见，充满自由与可能的地方——19世纪或过去，除了佣工或寡妇或妓女，女性不能独自出门，女性不会跟陌生人独处——上街买东西、上学读书、上咖啡馆餐厅、上艺术学院学习绘画造雕塑、上博物馆、上沙龙参与展出，在公共场所，在开放的平台，这一切，以前没有的，不可以的，这个时候在巴黎，都可以了——你直像波德莱尔笔下《现代生活的画家》中的漫游者（flâneur）。当然，不一样的是，你是女性。当代英国艺术文化学者珍妮特·沃尔夫指出，文学的现代性是描述男性的经验而已。在现代城市里，女性（漫游者）是不存在或不被看作存在的。的确，漫游者是男性的，城市是男性的，街道是属于男性的，户外是男性的，学校餐厅等场合都是男性的。但，20世纪初，新城市新女性，自由、自信、自主生命，在大街小巷上漫步游走，是公共生活的观察员和建造者——因为你和其他人——漫游者，女性，是存在的。女性漫游者（flâneuse）漫游新世界——巴黎是一个新世界，好些画家们都画有关巴黎——咖啡馆、酒吧、马戏班、歌舞厅等场景，热闹高兴，而你画日常生活里头接触的人和物，你画你自己，和自己的房间。

那是你在巴黎的房间的一个角落：那里有一扇大窗，窗前挂有一道通花窗帘，前面一张桌，桌上一瓶花，桌旁有一张椅，椅臂上搭着披巾或外衣，椅旁斜放着一把伞。那是一个阳光充沛的早上或下午，你刚从外边回来或将要出外。一个阳光充沛的日子，你需要一把伞。或者，因为晴天里倒会神经质地洒几阵雨，于是，你带上一把伞。

伍尔夫曾提出：女子得要有一个自己的房间。这样，她可以书写、阅读、绘画、沉思。你画你的房间，你画你的房间的一个角落、一张桌、一张椅、一个花瓶、一本书、一个茶壶、一把伞。你画的女子，一个人。你的猫，一只。你的画，题材简单，布局朴素。你的画的颜色柔和，偏向低沉。你曾在卡门艺术学院接受画家惠斯勒的指导，他这样形容你的画：格温拥有对色调敏锐的触觉；她的这种色调，低迷、内向，让人难以明了她的画的世界的指向。你给一位女朋友写：我的画没有什么指向，除了一种对内心世界的走向的欲望。

的确，你画过好些女子画像。一个女子在看书，另一个女子在阅信；一个女子抱着猫，另一个女子坐或站。一个女子，一个角落，一个房间。你画一个环境，空无一人。空无一人，那环境以外存在的，却强烈地萦绕存在着。你画的女子，静默，无语，而充满画外

格温·约翰《巴黎房间的一个角落》（*A Corner of the Artist's Room in Paris*，*1907—1909*）

之音。19世纪英国诗人杰拉德·曼利·霍普金斯所说的内在本质（inscape），大概可以用来形容你的画。

你的内在——是的，你画房间的角落——你那简单朴实的房间，是一个庇护、一个安抚。你重复着迷似的画——那些女子人像，个别、独立。在一个房间的角落，一个对新女性意象的追求，自我的净化，那是你自己形象的再现。你画其他女子，你同时在画你自己。无疑，你是孤单的。但你的孤单中有一份清澈、安静。你一个人，丰足、充实、自主。是的，你画的题材跟其他男性画家的不一样，你有更关切的议题：你拥有的——私人空间，个人生活——那不是理所当然顺理成章得来的。你要把它们一一画下来。

巴黎，给你一度瑰丽的门：你打开它，你起动了。巴黎，新鲜多样的东西物事，不无刺激、不无挑战，波希米亚式的生活，颠覆反叛的氛围。它又为你提供认真严谨的艺术训练——你的成绩优秀，你获奖无数。你在蒙马特和蒙帕纳斯之间居住走动，有时候你跟同性朋友们合租房子，有时候你独自租住一间工作室。你拿着笔纸颜料画布，你手持作品，你到学院展览馆独立沙龙、秋季沙龙。你在巴黎的路上，你有勇气和决心。为了当画家、当新女性的愿景，你争取经济独立，你当上雕塑家罗丹的模特儿。其后，你成为他的情人。当年，你27岁，罗丹63。我想起罗丹博物馆花园内的《惠斯勒缪斯》（*The Whistler Muse*）：一个比正常比例稍大的裸体女子，头俯下，低低的，双手上臂以下的部分切去，按形体看，两手徐徐地垂下，左脚高高提起屈膝踏在物上，右脚独立着地——你为罗丹摆弄的造型姿势。是的，在罗丹博物馆内，有他的雕塑、素描笔记，有他的情人写给他的情书。其中，有自1904年至1917年你给他写的两千多封信，两千多封的情书。十三年，四千多天。即是说，你差不多两三天就写道：亲爱的……你承认，有时候，写信是一件胆小的举动，如投石般，石头却不会（立即）回投。又像莎士比亚的奥菲莉亚疯狂地爱着哈姆雷特，但哈姆雷特却不在乎，最后，奥菲莉亚静静投向河流。在你的世界里，你静静地画画，你静静地守候，远远地看望你的爱人。罗丹死后，你说：我觉得我好像病了一场，现在好一点了。

诗人里尔克曾这样形容：格温经验的美，是一阕静默而持久的爱与渴望；也许，因为这份狂烈、专注——一份沉重的爱的执持——她把她的画画得那么充满个性，内在，低回。

这爱的偏执与坚持。你心无旁骛，专心一致。在你的一个房间（的角落）里——一个你缔造的空间——你画、书写、阅读、沉思。一个世纪，一个女子的渴望。

1910年12月前后，人性改变了——伍尔夫这样写道。20世纪初，新时代，老死的封建教条墨守的传统陈规，过去了走远了。新女性如伍尔夫拥抱现代性，社会与文化，文学和艺术。乔伊斯写晦涩长篇的《尤利西斯》（*Ulysses*）；弗洛伊德靠在躺卧沙发前的椅上思考潜意识；意识流、精神心理分析、后印象主义、野兽派、立体主义、装饰艺术风格派、达达超现实的梦；情色欲望，覆地翻天。伍尔夫认为，那国度，书写的绘画的创作的都有崭新的观念方式结构内容——她说的当然是以英国为中心——对女性说来，充满希望：女性有选举权；女性可以接受教育；女性可以书写，当作家出版文学著作；还有女性可以进入艺术学院当艺术学生，参与人体写生，当画家艺术家；女性可以出门上街。伍尔夫要做一个漫游者或女性漫游者，所以，她要我在伦敦街上走来走去。

20世纪70年代，当代美国艺术历史学者琳达·诺克林写了一篇文章《为什么从来没有伟大的女性艺术家？》（*Why have there been no great women artists?*）——是的，19世纪末20世纪初，很多女子带着希望来到巴黎，而我们对她们知之甚少——女子在历史文献（收编记载）中缺席。当时，你的艺术成就不及你的弟弟；但他说：我死后50年，我将会被形容为格温·约翰的弟弟。是的，你从家里走出来，你要往那里去——你跨过了一个世纪一个传统，你为女性创造艺术提供了明证。

1900年，你画有一幅自画像：简单的浅色上衣，黑色半身裙，衣领上别有一个深色蝴蝶结，腰间一个浅色蝴蝶结。你右手叉在腰上，现代新女性的装扮，你在伦敦或巴黎的街道上走，你在呼吸新世纪新世界的空气，一脸自信，潇洒流丽。

谢谢你。

在伦敦街道探寻的女子

亲爱的在伦敦街道探寻的女子：

是的，那个年代，当一个城市的女性漫游者，是需要一点勇气的。但，我更爱我的房间。我的房间清净漂亮。那里，我沉思、阅读、书写、绘画。那里，我绘画人和物。人说我绘画人像，或许吧，我绘画人物身处的环境——萦绕于画内画外的现实空间与想象氛围。是的，那内在生活内心世界——在20世纪初的巴黎，一个独身女子的——不是一般漫游者懂得的现代生活景况。

格温·约翰

10

保拉·莫德松-贝克尔×克拉拉·韦斯特霍夫

发信人

克拉拉·韦斯特霍夫（Clara Westhoff，1875—1954）

德国雕塑家

收信人

保拉·莫德松-贝克尔（Paula Modersohn-Becker，1876—1907）

德国表现主义

亲爱的保拉：

我一直都在想给你回信——那1907年10月你写给我的信，那一封你最后写给我的信——“亲爱的克拉拉·里尔克”[①]……亲爱的保拉，我多么希望再跟你通讯，我多么希望再跟你一起去看保罗·塞尚的画——1900年初在巴黎，你带我到画商安博洛伊斯·沃拉德先生的画廊地库，你早已经到那里钻过了，那里堆放着许多画，小小大大的。画面靠着墙身，你把它们一一翻过来，你把它们一一仔细地看：风景、静物、人物。说不出的视觉神经的触动。那个时候，我们还不知道塞尚。后来我听说，一位名叫欧内斯特·海明威的美国作家很欣赏塞尚，他经常到卢森堡博物馆观看塞尚的画。他曾写道：巴黎是一个非常古老的城市，而我们很年轻。的确，那1900年的时

① 1901年，克拉拉·韦斯特霍夫与诗人赖内·马利亚·里尔克结婚。

候，你和我都年轻。而巴黎，告诉了我们许多。

那久远的记忆——我翻开你的信，一封一封，我阅读着。

1876年，你出生于德国德累斯顿，家境小康，在7个孩子中你排行第三，父母亲希望你当老师，但你喜欢画画，父母亲没有太大的反对。于是，你学画画。你到处走，你接触不同画家，你跟沃尔普斯韦德[①]的艺术圈子接近起来。你认识很多国内外的艺术作品，你参与展出，你跟我和赖内·马利亚·里尔克成为好朋友。

19世纪的除夕，你出发到巴黎。经过17个小时的旅程，你来到巴黎。你住到拉斯拜尔林荫大道上的一间小旅馆，我住在你的隔壁。我准备跟法国雕塑家奥古斯特·罗丹学习雕塑。

20世纪的第一天，你在巴黎——20世纪的第一天，将是女性的世纪。一个新世代的诞生，好些重大的事情将要发生。19世纪的理想国，将是20世纪的真实。一份法国女性报章在20世纪的元旦这样形容。

是的，你终于来到巴黎——那是一个怎么样的新世纪——所有东西都那么急忙紧凑。天气潮得有点雾，有点污秽。有时候我感到不寒而栗，但，有时候，不知怎的，我又感到安详。一种不能言说的新世界景象在我面前升起。你在初到巴黎的日记中这样写。后来，你形容那是"希望的一年"。

那希望的一年：你在巴黎游走，直到日落。你或刚从卢浮宫或卢森堡公园走出来。在金黄或淡蓝的雾色中，你走在塞纳河边。一

① Worpswede，德国北部小镇。

路上都是长长的一列一列的二手书店，你在那儿随意翻看。杂耍艺人在路边表演，围观的路人目不转睛。马路上有马车、双轮马车，有巨大的公共马车；还有建筑物，哥特式的建筑古老的罗马浴场的废墟；还有售卖旧物的小店，数不胜数，有趣的东西叫人爱不释手。无论走在哪儿，总有这些那些事情在发生。是的，一切都那么新颖有趣，可供玩味和学习。可有关吃是不便宜的，有时候你和我一起吃东西，有时候我和你一起在巴黎游走。

巴黎，当然有叫人难受的地方，譬如拥挤，譬如噪音、混乱，譬如有很多很多的人和建筑物，这一切都会让你感到紧张；但你又甘之如饴。那里，在巴黎的小路和大街上，你的眼睛张大：你要看一切你不曾看过的，你要看将要发生的一切未知的。你感受自由自在的可能。你可以画画创作。

1901年，你跟画家奥托·莫德松结婚。我跟里尔克也差不多在这个时候结婚。婚后，我继续我的雕塑创作，里尔克继续他的诗歌剧本等书写。你和奥托也继续绘画，你还继续到处游走。1903年和1905年，你再到巴黎。

啊，巴黎，20世纪之端——那里有卢浮宫，有其他许许多多大大小小的沙龙画廊展览馆，你看。你看让-弗朗索瓦·米勒、埃德加·德加、保罗·塞尚、保罗·高更、文森特·凡·高、亨利·马蒂斯、奥古斯特·罗丹等人的作品。那里有艺术学院，有私人办的，有公立的；那里有画家工作室，他们教授绘画、雕塑、颜色训练，他们办讲座研习理论和历史。你曾在位处拉丁区的克拉罗斯艺术学院上课，你又到巴黎第二区的朱利安艺术学院绘画，你也到巴黎美院学习人体解剖。蒙马特或者蒙帕纳斯那里住着许许多多波希米亚式的法国人和外国人。你可以探望别的人的工作室。那里有林荫大道有大街小巷。那里有很多趣意盎然的咖啡馆。画家、诗人、作家、评论家、摄影师、准艺术家们都爱在这里那里聚头、喝咖啡、喝酒、交换消息。你乐此不疲，乐而忘返。你走走看看，写写画画。是的，你跟外边接轨，你可以在街上行走，你是一个漫游者。这，过去是没有的。那的确是女性的新世代。你觉得自己属于这样的一个国度。

是的，那样一个国度你看到那么多的画家作品，你知道那么不同的绘画风格。米勒的现实主义，塞尚的形体结构，凡·高和高更的后印象主义，纳比派（Nabis）的平面艺术，马蒂斯的野兽派都对你产生影响。你知道了埃及和古老的雕塑，你爱那些接近大自然的造型。跟当时所有其他的绘画的年轻人一样，你画风景，你画花草树木，你画水果静物，你画人物农村妇女，你画孩子：我要画虔诚的人物的脸上挂有温柔幸福的笑容；我要画漫走于田野或河边的人；我爱色彩；我爱艺术。你在日记中写道。

我想起你画有好些自画像，你显得快快乐乐的。你在画的左下方签上你的名字。是的，你画你自己。你爱花，你画自己和花；你爱饰物，你画自己戴着一串珠链；一个女子，或裸体或穿着衣服，一个普通模样的女子，地上的母亲。你画中的女子的眼睛告诉我：我是一个人，一个女人，我拥有一个女人的欲求与渴望。

一个女人的欲求与渴望。是的，女子，你可以执笔画画，可以画花草果鸟，可以造刺绣缝纫针线女红。的确，19世纪20世纪之交的德国，女子可以上学认字，可以不用三步不出闺门，可以不用一出门即上马车，可以以买东西、买布、造衣服之名出去走走看看，可以上街逛逛溜达溜达，喝杯咖啡、喝酒、抽根香烟，可以去呼吸一口空气，清新的。女子，你可以执笔画画，但，你要记住：你想活得有价值且受欢迎——即你要当一位出色被赞赏的画家的同时，你必须是一位贤妻良母。

创作路上，奥托比你早发展，他是出色的画家。通过跟他交流和学习，你在艺术创作上有很大的收获；你也通过其他的接触与体验找到自己的方向。德国本土艺术与法国巴黎艺术的现代性给予你养分，你的进步是明显的。你的造型简洁，你的颜色和线条强度有力。是的，你的艺术语言冷静、直接、纯朴。你建立了自己独特的风格。但，作为一个画家，你面临既困难且矛盾的双重角色：我在新与旧生活之间徘徊，我好奇新生活是什么模样，我好奇在新生活中我将会如何，这，无论是什么模样，就将是我想要的模样。你在日记中写道。是的，你在角色中挣扎。最后，你选择艺术，你选择巴黎。

1906年，30岁的你第4次出发到巴黎——“不能再阻止我”——你决定离开奥托。30岁是一个分水岭，对你来说，这天以后，你要

保拉 · 莫德松-贝克尔《克拉拉 · 里尔克 · 韦斯特霍夫》(*Clara Rilke Westhoff*, *1905*)

新生命：我要做一个画家，一个彻底的画家。你说：对艺术的投入是无私的；有些人把生命贡献给另一些人，有些人把生命赋予给一个使命。你投入的是一个信念。

同年，你画有一幅名为《第六个结婚日的自画像》（*Self-Portrait on Her Sixth Wedding Day*）的自画像：你裸体半身至小腹，右手搁在隆起的肚上，左手轻轻怀抱着肚，身稍侧，颈项一串珠链，乜斜着眼，望向画前观者，微笑。但，那时候的你并没怀孕。

你并没怀孕。你画一个怀孕模样——一个在当时非常罕有的题材——而且是半裸着身体。你也画母亲给婴孩喂奶的画像。身体、裸体、怀孕、育儿、自画像，都是女子的。一个女子的自画像，一个女子（裸露）的身体。自画像，一个肯定自我的面向。裸体，私密的宣告。女子/画家，一个（新的）社会身份。女子裸体自画像，一个女子的多重身份的自我塑造的肯定。怀孕，生产，一个孩子。怀孕，生产，一幅画。透过画，透过你所画的，你重申，你造就一个你（想要的）自己。你爱孩子，但你不要孩子，暂时不要，目前不要。你不要一个家庭，一份责任，一个一成不变的家庭妇女的生活和责任。

是的，有关怀孕，仍然是女性的一个课题。有关育儿，仍然是女性的另一个课题。女性把她的生命她的青春她的勇气力量给予她的孩子，完全简单地给予，却没有意识到如此她原来是一个英雄。你在日记中这样写道。选择，不容易，选择，不无牺牲、不无叹息、不无痛。你不随俗，你大胆，你放肆，你选择了。你不无害怕、不

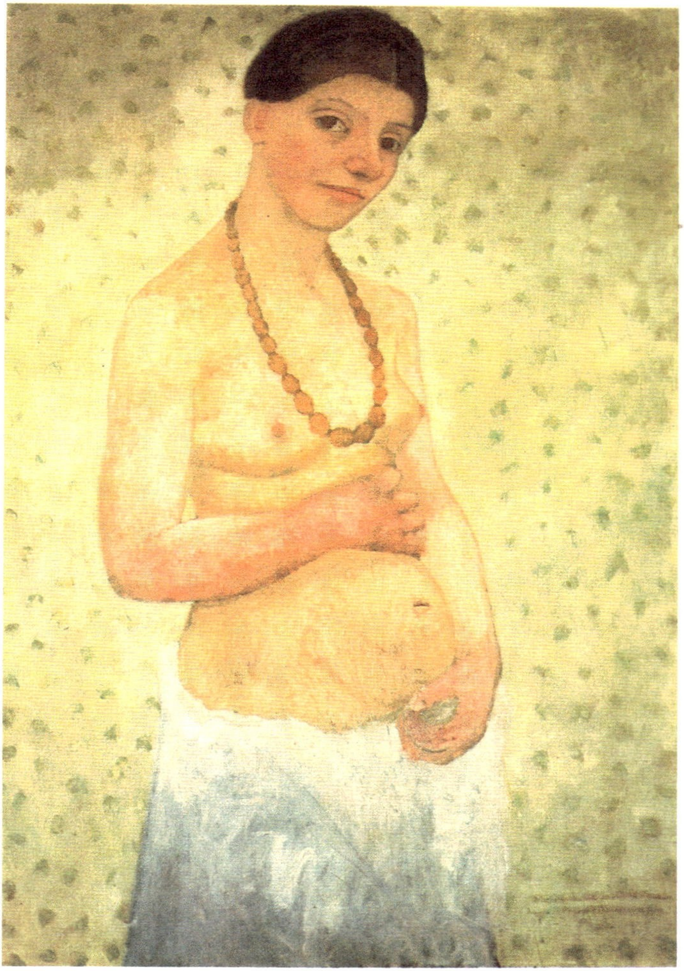

保拉·莫德松－贝克尔《第六个结婚日的自画像》(*Self-Portrait on Her Sixth Wedding Day*, *1906*)

无畏惧。是的，那个时代，你要有多大的勇气多大的坚持，做一个你想要做的女子。你要一个外面的世界，一个活动的空间，可以伸展可以呼吸，可以叫，可以画画，可以离开加诸一个女子身上的一切的羁绊或责任与桎梏。的确，你的意志大于世俗加诸你的恐惧。的确，艺术作品从来是身处危险的产物，作者在经历中被迫至尽头，被迫至无法再走下去的地步。对于你的矛盾，里尔克这样形容。

怀孕自画像完成不久，你怀孕了。最后，你返回沃尔普斯韦德的家，你跟奥托在一起。1907年11月，你诞下女儿。18天后，你从卧床起来，对着镜子梳好头发换过衣服，一室都是花朵，明明亮亮高高兴兴的，倏地，你喊了一句：可惜——就死去了。你死于心脏栓塞。我们是多么地难过。里尔克久久不能接受这事实。

你在日记中曾写道：我大概并不会长活……如果我能画上好几幅画，然后离去，我会感到很愉快，我在发上别上花。几年后，你画有一幅自画像，周边都是鸢尾兰。当代印度诗人苏贾塔·巴特这样描述：

The way I returned again and again to your self-portrait with blue irises
made the guards uneasy.
The way I turned away from your self-portrait with blue irises
made the guards uneasy.
Was it the blue irises floating around your face, was it
your brown eyes illuminated by something in the blue irises?

How could you know, how could you feel all this

that I know and feel about blue iris?

…

31年，你在女性的角色选择中度过。你选择了一个不一般的女性的世界。因为选择了，因为选择来得不易，因为要知道所选择是对的，你用心用功，10年下来，你不是画上好几幅画，你是画了差不多1000张素描、400幅油画——你成就了你想要做的一个新女性。

1907年10月，你给我写了最后一封信：……这些天我的脑海总是想着塞尚；他是其中一位对我影响深远的画家。是的，你知道，1907年，塞尚的大型回顾展在巴黎举行。你叮嘱里尔克去参观："今天，我再去看塞尚的画……我想我开始明白这位老人，他走在那么的前头，一个人，无知的孩子在他后面向他抛石块……我想再去看他的一点紫、一些绿，或者一些蓝的色调。我想我应当看得比上一次清楚一点……"我知道，里尔克给我写的，都应该给你写了。是的，那1900年在巴黎的画廊地库里看到的，就在你眼前。巴黎，从来没有远离你。

想你。

克拉拉

亲爱的克拉拉：

……这些天我的脑海总是想着塞尚……他是其中一位对我影响深远的画家——啊，你记得1900年初我们在沃拉德的画廊地库看到的……啊，你知道吗？1907年，我在巴黎最后的日子，我在佩勒林画廊看到塞尚早年的画作。啊，那是多么地精彩……啊，塞尚的大型回顾展就在这一年举行，如果我不用留在沃尔普斯韦德，如果我这就在巴黎，你知道，我会马上去观看。是的，请你们马上去，然后写信告诉我一切……

保拉

11

苏珊·瓦拉东×玛丽亚·维米尔

发信人

玛丽亚·维米尔（Maria Vermeer，1654—1713）

约翰内斯·维米尔的女儿

荷兰巴洛克画家

收信人

苏珊·瓦拉东（Suzanne Valadon，1865—1938）

法国后印象主义

亲爱的苏珊·瓦拉东女士：

你好。很冒昧给你写这封信。事情是这样的——不久前有一篇有关西方艺术历史的报道：17世纪荷兰画家约翰内斯·维米尔一幅名为《戴红帽的女孩》（*Girl with a Red Hat*）的画中人是玛丽亚·维米尔，画者大概也是画中人——即是我。对，我是玛丽亚·维米尔。

艺术历史学者说，画家约翰内斯·维米尔——即我的父亲，大都以他的妻子即我的母亲当他的模特儿。如此，女子写信、看信、造女红、弹琴，或倒牛奶，或持天秤量度珍珠；在起居室；在厨房……家事俗务，写实的题材。这都是我的父亲所描画的。艺术历史学者说，画家约翰内斯·维米尔，写实，前后透视，颜色光影，厚涂法，或透明薄涂法，薄而厚，浅而深，强烈的，疏松的。艺术历史学者说，画家约翰内斯·维米尔的巴洛克风格圆熟，是荷兰黄金时代的印证。是的，我的画家父亲绘画的布局技巧精准精确。在他笔下，阳光每每透过画面左边的窗户映照室内人物，恬静、深邃含蓄。艺术历史学者说，我的母亲怀着第11个孩子的时候，大女儿的我已经十一二岁，成为父亲的模特儿。我穿戴妥当，我戴上红色帽子，我戴上珍珠耳环，我站在窗前阅信，我坐在酒樽旁，我侧身望向画者。羞涩的年轻女子的塑像，如此几年。艺术历史学者说，我的妹妹稍长，顺理成章成为父亲的模特儿。艺术历史学者说，我在当模特儿的过程中，学习油画技巧。

因为这篇报道，好些人都很感兴趣，问：你学过画画吗？这画是你画的吗？你还画了些什么画？诸如此类。对于这样的询问，我好生烦恼。

亲爱的瓦拉东女士，很抱歉我说得远了——我想起你：你是画家，你是模特儿。对于怎样兼顾两个角色，我非常感兴趣——1883年，当时仍是许多画家们的模特儿的你，画了第一幅自画像。18岁，认真、不妥协、骄傲、自信，这些都是年轻人拥有的。是的，西方绘画艺术打从我那个时代走到你那18岁的时代，是一条长长的路。画家，女性的路，我很好奇，在你那个年代，走得怎么不一样。

我搜看你的资料：苏珊·瓦拉东，原名玛丽-克莱门汀·瓦拉东，玛丽是一个做洗烫衣服的女子的私生女儿。5岁，玛丽跟母亲从利穆赞搬到巴黎蒙马特。年纪轻轻的玛丽跟母亲一起洗衣服，玛丽也曾当保姆或小贩和侍应。15岁，玛丽到马戏团耍杂技；因为翻筋

苏珊・瓦拉东《自画像》(*Self Portrait*, *1883*)

斗受伤，结束了当杂技演员的美梦。这个时候，蒙马特的画家们看上了玛丽。玛丽开始当画家们的模特儿。

我听说，19世纪末在巴黎，马戏是一项很受欢迎的娱乐节目。一方面，好些画家们会在马戏团的杂技员、女骑师、小丑们中找寻他们的模特儿。另一方面，蒙马特山脚下皮嘉尔广场的每个星期天，都有许多孩子年轻人在巡行——画家们会在其中挑选他们心目中的圣母缪斯女神或天使，描画到他们学院式的油画上去；当然，画家们也会发挥不同的题材呈现不一样的人物角色。所以，尽管你的杂技演员梦破灭了，你的另一份表演事业正要开始——年轻美丽，聪明有活力，性感，无忧无虑似的，街头浪荡的小人儿，你是画家们理想的模特儿。是的，你当过好些画家的模特儿：皮埃尔·皮维·德·夏凡纳、让·雅克·亨纳、泰奥菲尔·亚历山大·斯坦伦、让-路易·福兰、皮埃尔-奥古斯特·雷诺阿、亨利·德·图卢兹-洛特雷克，等等。玛丽，头偏侧一点再过去多一点点。可以可以。玛丽，微微地笑，眼睛望低一点，噫，高一点。可以。玛丽，双手这样，你的脚得要抬高一点。可以可以。玛丽，这么样的一个姿势得维持4个小时。可以可以可以。是的，那可能是长时间一动不动尴尬奇怪的姿势。但，由一个画家到另一个画家再到另一个画家，玛丽能屈能伸，你可以，什么都可以。

你说：我在这里我又在那里。是的，你在这里那里：一个在马戏团中骑马的女子，一个在户外跟男子翩翩起舞的女子，一个在巴黎街上手持一篮子衣物的女子，另一个女子在编辫子，一个女子在沐浴，一个女子穿戴漂亮端坐着，或在咖啡馆喝醉了。无论是雷诺阿或土鲁斯-罗特列克或其他画家描画的，19世纪末的巴黎中的热闹场景——后印象主义画家、诗人、作家们都爱聚头喝酒、喝咖啡、跳舞、吃东西、谈天说地的地方——或红磨坊，或狡兔酒吧，或煎饼磨坊餐厅，或新雅典咖啡馆，等等，那些作品里呈现的一个女子的面孔，一个颈项背脊，一双手，一对脚，一个表情，一种情绪，都可能是你的。我在想象，你如何演绎那在19世纪末许许多多油画里头不同身份气质的女子。的确，你是画家们（假借、延伸、引喻）出色的模特儿。

你是画架背后画家们出色的模特儿。画架前的风光，你不无好奇，你蠢蠢欲动，你观察留意画家们的运作。那个画家他怎么样用炭笔起稿，他怎么样运用颜色，他怎么样安排布局，他怎么样处理比例远近关系。你观察力强、记忆力好，你“窃取”，你“偷师”。不多久，你下定决心，你要站在画架前，画。

是的，你画画。雷诺阿发现你在画画：你没有跟我说你懂画画啊——雷诺阿的惊讶，你当作称赞。你的画感动了图卢兹-洛特雷克。你从夏凡纳口中知道了许多有关油画与艺术的知识。不知谁把你介绍给埃德加·德加，对于你画的粗糙，德加满怀感觉。是的，你缺乏传统基本训练，但你是可造之才。德加指导你，鼓励你。后来，他更是买下你的素描作品，挂在塞尚和凡·高和高更的画的旁边。

是的，你没有接受传统绘画训练，但你画，你天天画，你疯狂地画，你画人物静物，你画花草风景，你画裸体女子，你画你自己。是的，你画很多其他（男子女子）画家都画的，有关裸露的，有关女子。

如果我们看到大部分跟你同期的画家的女性（裸露）形象是妩媚的、诱人的、情色的，你告诉我们，女性在情色妩媚诱人以外，还有其他。你的画，你的画中的女子，日常生活、现实、有内容。你的裸体人像，有背景、有语境、有有关的动作。当其他（男性）画家绘画女子的裸露身体是均衡对称丰满无骨时，你的女子的裸露身体丰腴结实、强壮有力量。当其他（男性）画家绘画女子的裸露身体如幻象似梦粉团团的，你的女子的裸露身体线条棱角分明、用色大胆，你甚至把身体线条深刻地勾勒出来。跟其他（男性）画家呈现赤裸裸的女子人像不一样，你的赤裸裸的女子没有妩媚或羞答答地直视（画者）观者，她或她或她专注自己当下的活动，她或她或她的肢体不无别扭，因为她或她或她对于裸露（人前）不无腼腆。

的确，你画的裸体/女性形象一点都不“女性化”。我听说，20世纪80年代，有一班从不露面、从不扬名、戴着大猩猩头罩面具，名叫“游击女孩”的女性艺术家狡黠地问：为什么女子必须裸着身体才可走进博物馆艺术馆——当然，她们指的是画中的女性。这真是很有趣的问题，我只知道，西方油画艺术的女性裸体，是纯洁美丽的象征。19世纪你那国度，无论在姿势属性或结构，人体裸体都彰

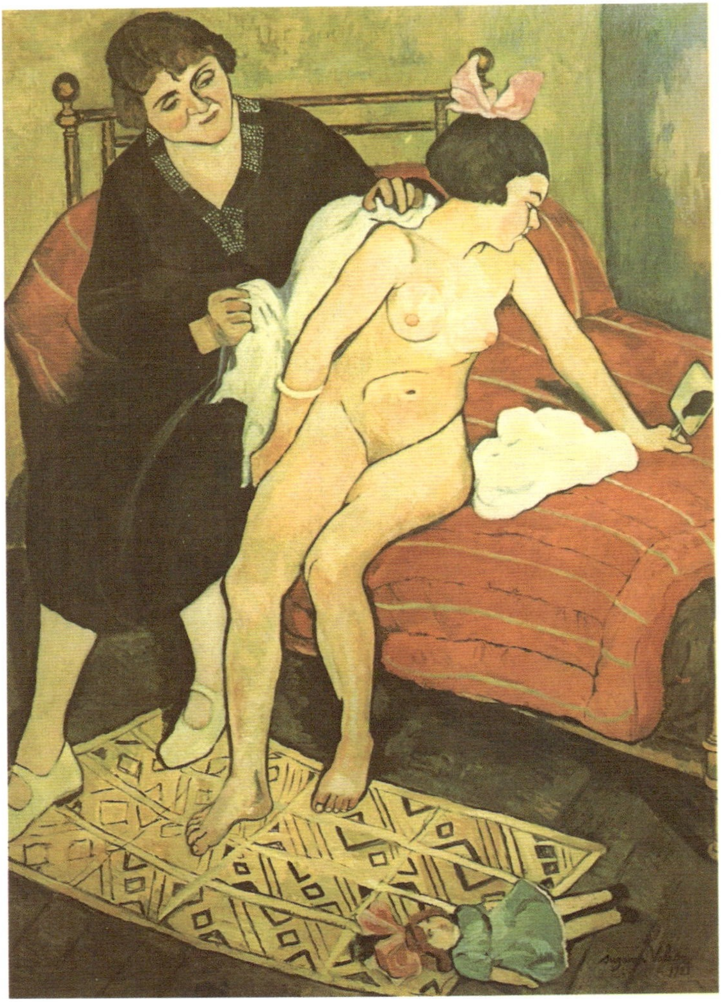

苏珊·瓦拉东《丢弃的玩偶》（*The Cast-Off Doll*、*1921*）

显着当时的文化与历史意涵：男性刚阳强壮充满肌肉，女性浑身散发优美精致与羞涩，女性是男性的保护物。而你的女性刚阳强壮粗犷，有人说你画得强悍如男子。当然，你没有男性画家般视觉去呈现标准的女性形象。是的，你抗拒传统的标准，有关裸体，有关命题。你是画家们出色的模特儿。当你的角色换转为画家的时候，你知道模特儿在那里该做些什么想些什么。你的裸体是一个实在的需要，不是无谓的想象臆测幻想，不会别有所指。你的画，打破了男性垄断的女性裸体议题，而且以一个崭新角度出现。你不一样的演绎，成就你为一位现代画家。

1894年，你参与国家美术协会的展出，你是第一位（被接受的）女性参与者。你的作品也放到秋季沙龙和独立沙龙。19世纪末20世纪初许多重要画家都把作品送交伯特·威尔和伯恩海姆-热恩等的私人画廊，这些地方都曾是你的展览场所。你成功踏进这个艺术圈子——那向来是男性主导的体制和游戏规则。

1927年，你画有一个在绘画的裸体女子，女子背向着画面，左手拿着调色盘，右手在画。我很是感动：画者，赤裸裸，全心投入工作。1932年，你有一幅自画像，短发，直面向前的半身像，裸露的身体至乳房，一串珠链戴在颈项。你在画的右上方签上名字。我很是感动：画者，自画像，面向老迈，坦荡荡，无所畏惧，而且戴有一串珠链。你我都知道，西方油画中，珍珠是纯洁是财富的象征。我都有配戴饰物如珍珠，而我幽幽地低头乜斜着眼望向画前，不一样的国度不同的演绎呈现。你同年代的艺术评论家安德鲁·阿诺德曾写道：无情似的笔触，画下肚皮上的皱纹，下垂的乳房——一幅好的作品不一定是漂亮的作品——身体是活着和美丽的，因为感觉到有生命在呼吸，血液在流动。你的裸体让人着迷。我对你的勇敢坦露充满欣赏羡慕。

除了艺术以外，你的特立独行也叫人欣赏。我听说，你看来有点怪僻的吉普赛人般的游荡感。你对世情的不公看不顺眼，你会不客气地谩骂，你高声大笑，你浮躁，你慷慨，你离经叛道，你谈情说爱，你是“蒙马特的情人”。你的情人有画家、作曲家、银行家、律师，你的情人是你儿子的好朋友安德烈·尤特尔。是的，你有一个也许连你自己也不知道谁是孩子父亲的儿子。18岁，即你画有第一幅自画像的那一年，你诞下儿子。你把婴孩交给母亲照顾，继续在蒙马特山上当画家们的模特儿。我听说，长大后你的儿子莫里斯·尤特里罗跟来自意大利的亚美迪欧·莫迪里阿尼是好朋友，他们都是出色的画家，但，他们酗酒。人或说你不是一个“好”母亲。当有人好奇你的过去、你的故事，你取来一些可能引起大家兴趣的信件，当大家以为你要朗读有关内容，你点一根火柴，把信烧毁。你说上种种稀奇古怪的故事：你是一个贵族的后代；你是一个银行家的女儿；你的父亲是个罪犯；你是一个被遗弃的孤女；你养的一头羊会帮你吃掉你不想要的作品；星期五那一天你会给猫儿喂吃鱼子酱；你从蒙马特的东迁移到南；从蒙马特的南再搬迁到东；从这条街搬到另一条街；从街头搬到街中间。

是的，你一直待在蒙马特。你是蒙马特山上画家们的模特儿，你是蒙马特山上一个画家。1938年，特立独行的画家去世。出席你的葬礼的有巴勃罗·毕加索、乔治·布拉克、安德烈·德朗，等等，全都是优秀杰出的画家艺术家。的确，20世纪初在巴黎，画家艺术家辈出，后印象主义、野兽派、立体主义不一而足。而你，出身贫穷，没有接受过什么教育，没有得到正统的艺术训练，但你的画，个性强烈。你没有别树一格，你本身就别树一格。西方艺术走了一条长长的路，它的轨迹叫人阅读历史，让人知道社会文化政治。你绕过了许多传统桎梏——是的，你自由，一个波希米亚女子，在不受既定的女性必须接受的框框下，你在巴黎和画家们之间游走，你无师自通，你集大家之成。当然，最重要的是，你是模特儿，你是画家。

祝福你。

玛丽亚·维米尔

亲爱的玛丽亚·维米尔女士：

谢谢你的来信。我没有接受过什么教育，我不是很懂得说话。模特儿或画家的角色，我不懂得考量；我不懂巴洛克风格、浪漫主义、象征主义、现实主义；我不懂印象主义、新印象主义、后印象主义、野兽派、立体主义；我不懂长篇的艺术理论。大抵因为没有历史包袱，不曾受正统艺术训练的桎梏，我在没有既定的框框，游走、绘画。当然，如果有既定的框框，我想，你绕过去，就是了。

苏珊·瓦拉东

12

塔玛拉·德·兰陂卡×拉斐拉

发信人

拉斐拉（Rafaela）

兰陂卡的《美丽的拉斐拉》（*The Beautiful Rafaela*）的模特儿

收信人

塔玛拉·德·兰陂卡（Tamara de Lempicka，1898—1980）

波兰装饰艺术风格

亲爱的塔玛拉：

1973年，巴黎的卢森堡画廊举办你的作品回顾展——好让人欣赏20世纪20至40年代的装饰艺术的风格——不知道我有没有被放到那里去。对，我是拉斐拉，《美丽的拉斐拉》（*The Beautiful Rafaela*），你的一幅画的模特儿。1927年，一个冬天的早上，你在巴黎布洛涅森林碰到我：黑色的大眼睛、性感的嘴唇、美丽的身体。你对我说：我是画家，我想画你，可以吗——然后你驾驶小跑车载我到你的工作室。我褪去衣服，躺在沙发上，摆姿势：赤裸的肉身，圆润饱满，慵懒轻佻，挑逗诱惑——是的，你发现了我，你画。一代风华，是你的画、和你。的确，二十世纪二三十年代在巴黎，你是不可或缺的角色。

有一年，你到意大利萨尔索马焦雷泰尔梅旅游，你住在当地一间名贵的温泉酒店。一天，酒店负责人跟你说，报章报道瑞典演员葛丽泰·嘉宝来到这个城市，很多人挤拥到我们的酒店门口，等候嘉宝女士的出现：他们都以为你是嘉宝女士——当然，德·兰陂卡女士，我们知道你是知名的画家——他们大概想要你的签名，不知道你会怎么办？我当然会签名——我会签上葛丽泰·嘉宝的名字。你这样说。是的，你给酒店帮了一个大忙。

你说的这个故事——不知是真是假。你的女儿回忆说，你爱说故事，滔滔不绝地——无不反映你的美丽与自信。的确，葛丽泰·嘉宝跟你的长相有点相似。影迷要求签名固然叫人兴奋，但我听说，葛丽泰·嘉宝从来不为影迷签名。出身贫穷的葛丽泰·嘉宝曾在银幕上有璀璨的演出，但她很早就结束了她的银幕事业，她不爱社交生活，不爱出风头，她不曾结婚没有子女，她爱平淡、爱独处、爱散步，这一切跟你，都是南辕北辙。

1898年，你出生于波兰华沙一个富裕家庭。任性自负被宠的你不爱上学。13岁，你跟祖母外游，在意大利罗马、佛罗伦萨、威尼斯等地的博物馆，你看到文艺复兴时期及其后的大师们的作品，你明白人物脸庞肢体的造型，你知道有关透视、构图布局、明暗对照、厚涂法等技巧。这第一次跟艺术世界的接触，是你日后创作的催化剂。18岁，你跟俄国律师塔德乌什·兰陂卡结婚。1917年，俄国革命如火如荼，你们仍迷醉于舞会派对的夜夜笙歌。兰陂卡大抵牵涉支持沙皇而遭布尔什维克拘捕监禁，几经辗转，你把兰陂卡营救出来。1918年，你们来到巴黎，那很多俄国上流社会的人都流徙居住的地方。是的，你和家人都来到巴黎，但，对你来说，巴黎是一个噩梦：兰陂卡不工作——好些移居在外的俄国人都不习惯上班工作，他/她们维持着昔日的贵族生活模式——你们靠变卖珠宝过活，你们吵架，你们的女儿诞生，富裕安逸的日子远去了，你不知所措。这个时候，在巴黎美院修读建筑的妹妹提醒你：绘画——这是你的天赋。当天晚上，你买来颜料画笔画布，你开始一幅静物写生。但，你认为这是不足够的，你得要感觉像一个艺术家。第二天，你去找一所可以让你成为艺术家的艺术学校。

大茅舍艺术学院为你打开大门——在那里，你碰到莫里斯·丹尼斯和安德烈·洛特。在这两位画家老师的指导下，你接触到野兽派（Fauvism）、纳比派（Nabis）、象征主义（Symbolism）、立体主义（Cubism）等风格。丹尼斯让你模仿前人大师作品，他提醒你以最简化的线条和颜色去绘画人物；洛特教授你技术，他以立体主义的理念与方法放到传统的题材上，强调以几何的形态描绘人体的感官。他们二人强调作品的装饰性，为你的装饰艺术风格奠定基础。顾名思义，装饰艺术（Art Deco），一种着重装饰性的风格，无论建筑、雕塑、绘画、室内设计、工艺、商品等，都以流利的线条和精致对称的造型结构呈现。它的称谓来自1925年在巴黎举行的现代工业和装饰艺术博览会。某种程度上，装饰艺术或由新艺术运动（Art Nouveau）发展出来，至20世纪20年代发酵，以现代理念如立体主义、表现主义、未来主义等特色去描绘过去传统的主题，发挥充满魅力、性感感性、唯美奢华的情调。如此装饰艺术物事，谁能与你争锋。

莫里斯·丹尼斯《哀悼者》（*Les pleureuses*，*1922*）

是的，魅力性感气派高贵的你，日间的学习，你排得满满的，黄昏和晚上，你又夜夜笙歌——但，你总爱迟到，如此，你的出现马上引来所有人的目光。你出席香榭丽舍大道上的派对，你在蒙帕纳斯的咖啡馆餐厅跟艺术家风流人物谈天说地、谈笑风生：艺术、人生、政治。你看时尚的时装杂志，你跟时尚的人交朋友。是的，你紧随时尚，你带领时尚。你驾驶一辆黄色的雷诺小汽车。夜深了，你返回家里，你兴奋莫名地给在睡梦中的女儿反复说这一整天的故事——我跟那那那著名艺术家作家碰头喝酒，我跟某某某公爵谈情跳舞，那那那公爵夫人邀我进餐，某某某女伯爵请我出席歌剧舞会——几乎一字不漏。诸如此类，你谈一整个晚上。

你爱说故事；你也思考艺术。你曾说，环顾周边的艺术家，你感到的都是平庸无聊，尽管你喜欢巴勃罗·毕加索，你认为他绘画的都是体现所谓破坏的新奇，简单说，不值一哂。你也不喜欢印象主义的画家，你认为他们不是绘画有关大自然，他们只在呈现自己的想象，而他们使用的颜色脏极了，他们根本不懂得绘画。至于那名叫保罗·塞尚的画家，他只会绘画几个苹果，而且画得糟透了。你只爱15世纪意大利的画，干净、明亮、整洁——那你在年少时候观看过的，还有你自己的作品——造型简洁，有技巧，最重要的是有品味。我是第一位绘画得干净整洁的画家。你如此自我形容。你的目标：建立一套新的风格，颜色轻而明亮，呈现人的高雅气质。是的，当你不上课、不用购物、不出席社交活动、不跟女儿说故事的

安德烈·洛特《法兰西风景》(*French Landscape*、*1912*)

时候，你在画布前，你画——努力地、专注地。

你又说上这么一个故事：一天晚上在圆顶咖啡馆，意大利诗人、剧作家菲利波·托马索·马里内蒂在一张长桌前演说有关未来主义的宣言。你坐在他身边。艺术家的我们被过去奴役；习俗常规，该诅咒的习俗常规，让我们变成囚犯。马里内蒂说。激昂处，他跳上长桌：只有破坏既有的艺术，才会有现代艺术；我们要去卢浮宫——那传统的象征——把卢浮宫烧毁！把卢浮宫烧毁！立即行动！你兴奋地附和：把卢浮宫烧毁——然后对马里内蒂说：我的小汽车就在外头，我们可以马上驶去卢浮宫，把它烧毁。在场三四十人炽热地响应跑到外头去——小汽车不见了：警察把它拖走了——你没有把小汽车泊好。你要到警察局把小汽车赎回。

挑战传统艺术的一个小插曲，你的小汽车倒也成就另一个瞩目。1925年，你画有一幅坐在绿色布加迪跑车的自画像（*Tamara in the Green Bugatti*）：同系列浅褐色的头盔围巾手套，你戴上了手套的左手搭在车盘上，满面冷艳。小跑车加女人——时尚、高贵、酷——自由奔驰。当然，那自由的女人就是你。

是的，你是一个自由的女人。你画的都是渴望自由的灵魂。你画人像；你画上流社会的名人、流放的贵族、男人女人、男人们的情人、美丽的女人；你认识的、你在街上碰到的不认识的；人物，或坐或站；他/她们穿上高雅名贵的衣服，戴上饰物，或者脱得精光。或金或红或黑的头发，或黑或蓝或绿或褐的眼睛，乜斜或直观；琉璃般清澈的眼珠，困惑迷惘，挑衅挑逗。简单的背景颜色结构，或大城市里头的几何建筑，或褶皱的布幕。粉彩的颜色，冷和暖，暖且冷。是的，你的画中人物既冷漠又热情，既柔弱又显得强悍。他/她们高傲、忧郁、病态似的。他/她们高不可攀遥不可及。他/她们看来总是摆动着双肩，上下前后扭动着肢体，不安静的双手，屈节的手指，煞有介事，蠢蠢欲动。风化了的石像般的灵魂，高贵、精致、优雅、性感、野性、轻佻、冷漠、骄傲。是的，他/她们看来都是冷漠的，他/她们或具备防御性——流徙到巴黎的贵族，对于这样的不幸，他/她们不安不屑不甘心。

渴望自由的灵魂——啊，20世纪黄金的20年代（Golden Twenties）——咆哮的20年代（Roaring Twenties）——爵士乐时代（Jazz Age）——失落的一代（Lost Generation）——表现主义（Expressionism）——超现实主义（Surrealism）——达达运动（Da Da）——装饰艺术（Art Deco）。社会不断吹起革命，政治的、文化的，部分画家艺术家作家诗人逃离过去，拥抱现在——现在，这里，是最好的——波希米亚和上流社会名利享乐、情色欲欲、醉生梦死。就像美国作家斯科特·菲茨杰拉德跟塞尔达在这国度的奢靡生活，就像菲茨杰拉德写《尘世乐园》（*This Side of Paradise*）般的夜宴笙歌——是的，醉倒过去也许是他们的防卫方式——菲茨杰拉德一直在书写，努力地，尽管后来他认为自己写了大量的低俗作品。菲茨杰拉德也许把自己的失败怪罪于巴黎；的确，那个时候，糜烂，多么叫人难以抗拒。是的，这大抵是失落的一代——尽管每一个年代的人都会经历失落迷茫。所以，美国作家欧内斯特·海明威写《太阳照样升起》。而你，你拥抱当下所有，就如你坐拥一部绿色布加迪——虽然你的小跑车是黄色的雷诺。

的确，你勇往直前。你急进，刻不容缓。毕加索的画家女友弗朗索瓦丝·吉洛曾形容你：你充满渴望。是的，你非常饥渴于当一个艺术家，一个成功的艺术家。要完成这个任务，你画。你对自己许下诺言：每卖出两幅作品，你给自己买一条手镯，直到手腕、手肘都戴满了珠宝首饰。是的，你的许诺很快兑现。当然，你不无付出不无努力。

你靠近一切接近成功的位置——你搬到塞纳河左岸的蒙帕纳斯，你跟有名有利的人在一起，你穿戴葛蕾夫人或香奈儿或爱德华·莫利纽克斯或艾尔莎·夏帕瑞丽的时装服饰——你在公众场合的形象，一丝不苟。1925年起，你的作品受人注意；你在法国、意大利、美国很多的画廊展出。你拥有自己的银行户头。的确，这个时期，你名利双收，而且，你风华正茂。酒吧、咖啡馆、餐厅等场合都有拥戴你的男人——你多么需要赞美和爱情。是的，你画画、吸烟、饮酒、驾驶小跑车，你到处留情。兰陂卡曾讽刺说，你是一个双手种有黄金的女人。1928年，你们的婚姻结束。1933年，你跟奥匈帝国的大富豪、你的赞助人劳尔·库夫纳男爵结婚。你继续糜烂。

的确，你的个人风格、私人生活不比你的装饰艺术逊色。你富裕、美丽。你衣着时尚高贵。你的谈话声浪、锋利的蓝眼睛、一举手一投足，都气焰十足，自满风骚。透过装饰艺术风格的作品，你给自己定位，或者你要把自己创造成为你画笔下的糜烂与风情。虽然，其后，一切都有点静。

第二次世界大战纳粹入侵前，你结束在巴黎的派对，移居美国。那里，你的糜烂继续，但，魅力不再。你一度沉寂。是的，驾驶小跑车的你或你的画中人物，曾是许多欧美时尚杂志编辑惊为天人的现代女性。有关糜烂，你没有忘记，你不想被忘记。但装饰艺术不再是时尚，无论在美国或法国——你的装饰艺术故事止于二十世纪三四十年代——直到1969年的夏天，你从美国旧金山返回法国巴黎，你在塞纳河左岸梅尚街的工作室——那是你1929年买下来，由著名法国建筑师罗伯特·马莱-史蒂文斯设计的寓所——你坐在画布前，你用油画刀描绘：你的画不再是装饰艺术风格的模样，你大概在找寻另种语言；你不无失落不无寂寞。这个时候，画廊负责人想起你，他们需要你的作品，好让人欣赏20世纪20至40年代间装饰艺术的风格；而你，你更需要这么一个让你活跃起来成为焦点的机会。

1978年，你移居墨西哥库埃纳瓦卡。1980年你过世。卡特佩特尔火山是你的归宿——你的骨灰就撒落在火山的周边——我知道，你知道，这火山的烟峰仍是活跃的。

希望在森林再跟你碰面的拉斐拉

亲爱的拉斐拉：

你知道，《周日泰晤士报》曾形容《美丽的拉斐拉》（*The Beautiful Rafaela*）为20世纪其中一幅最卓越的裸体画。有关性感美丽，有关唯美奢华，有关糜烂，有关装饰艺术——舍我其谁。还有我的自画像《时髦女性》（*Tamara in the Green Bugatti*）被欧美时尚杂志赞誉惊为天人。还有还有……我没有忘记——人们都不应忘记……

塔玛拉

13

克劳德·卡恩×赫马佛洛狄忒斯

发信人

赫马佛洛狄忒斯（Hermaphroditus）

希腊神话中雌雄同体的一位神祇

收信人

克劳德·卡恩（Claude Cahun，1894—1954）

法国超现实主义

亲爱的克劳德·卡恩：

我听说，一位名叫安德烈·布勒东的法国男子有点怕你。因为对你的出现要避之则吉，他连心爱的一间巴黎咖啡馆也不去——是哪个咖啡馆呢？是市长官邸咖啡馆，那是你跟他在1953年最后碰头的地方吗？但为什么他要怕你呢？你言论出位、你打扮招摇、你不男不女，超现实主义的倡议者、诗人、作家的眼界如此，叫人诧异。

我忘了自我介绍：我名叫赫马佛洛狄忒斯。我是希腊神话中的一位神祇，我拥有男性和女性的器官。事缘希腊神话的一位水仙小姐萨尔玛西斯爱上本来是男子的我，仙子请求诸神让她跟我永远在一起，诸神遂她的心愿，于是她我便二合为一变成雌雄同体。希腊神话的想象：雌雄同体是远古人类对原初世界的理解，男女阴阳两性气质结合在一个人身上的可能。

我记得我初看你的照片，我暗暗惊喜。所以，我给你写这一封

克劳德·卡恩《自拍》(*Self-Portrait*，1927)

信，我相信，你的心事，我很了解。

生长于犹太家庭的你本来名叫露西·书沃博。1915年，你20岁，你改了一个中性的名字克劳德·卡恩。你的爱人是你的好朋友、你的合作伙伴，她是你父亲的第二位妻子的女儿，即你的继姐妹马塞尔·穆尔。穆尔的原名是苏珊娜·马勒布。

那在二十世纪二三十年代是有点不可思议吧——你改名换姓，你公开是同性恋者。你剃光头、剃眉、易服，你参与女同志团体活动，你文化活跃、政治活跃。你为自己搭建舞台，你设计一连串的表演事业：摄影、书写、翻译、议论。有关性别，有关自我，有关身份。

你的自拍照片中，时或光头，时戴假发。假发有黑有金，有粉红有绿，有长有短，有曲有直。你打扮或男或女，你是一个花花公子、一个打坐僧人，你是一个日本公仔、一个小丑，你是一个穿着华丽的女人、一个妩媚的女人、一个横躺在衣柜里的女人。不过，这些女人看来都不挑逗。你的照片，道具少，背景简单。你跨地跨时跨性别，别的人不容易想象你那性别地域空间。*Que me veux-tu?*（*What do you want of me?*）——你的一张照片的名称——你想要什么样的我？你的确挑衅。对你说来，现实世界里头的物象都是符号和符号的符号。而身体满载政治和社会文化的符号意涵。你想怎么样——身体是文化调解斡旋的载体：你以身体作为你的平台工具——你装扮。你以亦男亦女非男非女的造型身份出现，你的身份造型暧昧模糊矛盾扑朔迷离，你颠覆挑衅两性性别角色界限。

有人说你装扮成女性。的确，你的女性模样是装扮出来的。1929年，英国精神分析学家琼·里维耶尔议论“女性化的装扮策略”（womanliness as a masquerade）：女性化是可以装扮出来的，就像面具那样戴起来，这样既是为了遮掩女性所拥有的男性特质，也为了一旦被发现拥有男性化一面后，能回避预想中遭受到的报复。是的，在男性主导的社会，女性只可以“做”某某某定型的“女人”。女人的女性化装扮，去（收藏）男性化，转移男性对她的冲突攻讦，这样，女人的女性化装扮，实是一种调侃反讽：她这样、或那样。她是，实在的，她不是。她什么都不是，不是男的，不是女的。如果你是女性化的，你的女性化当然是装扮出来的。

20世纪初，英国性心理学家亨利·哈维洛克·艾利斯提出“第三性别的可能”（the possibility of a third sex）。我听说，一个名叫弗吉尼亚·伍尔夫的英国作家写半自传式的小说《奥兰多》（*Orlando*）：不论是男或女，人都具多重气质。伍尔夫引述18世纪英国诗人塞缪尔·柯勒律治写有关两性合并的理想国度：一个伟大的头脑是兼容雌雄的，即这个脑袋对女性有着特别的同情，即这个脑袋愿意支持她们的倡议或接纳她们的阐释。按柯尔律治的看法，两性兼容的脑袋也许易生共鸣且显得通透，感情的传达少有窒碍，自然而然就流露出创意与光辉，合而不分。我又听说，一个名叫西格蒙德·弗洛伊德的奥地利精神分析学家说，一直以来，每个人的潜意识中都包

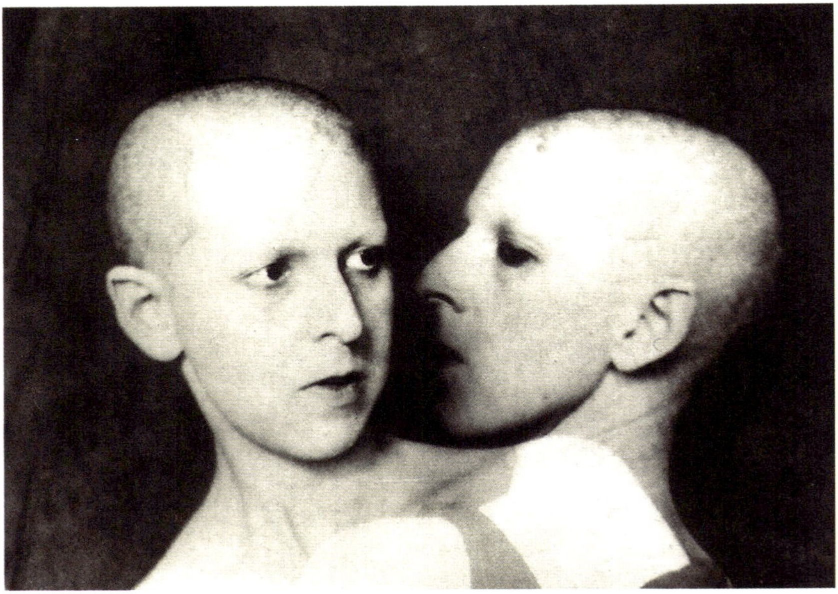

克劳德·卡恩《你想要什么样的我》(*Que me veux-tu*, *1929*)

含有双性化的可能。研究你的作品的当代法国作家弗朗索瓦·勒彼里耶也指出，你这非女非男是男是女的划时代突破，把男性和女性的特点结合，而又不成为这个（男）人或那个（女）人。的确，男中有女，阴中有阳，二者的特质是放在一起的。

因此，你的照片，男+女。亦女亦男，忽男忽女，不女不男。当然，放到你的时代，这不能说不是特立独行。但你的特立独行不是因为拍摄需要，而是你本来如此，那是你自己——跨性别的可能。自拍照片，个人、政治，自传色彩浓，直像你写自己的故事。自己的故事，你拍摄你也书写。你主导自己的生命。你是诗人作家，你是摄影师，你是超现实主义者。

我听说，超现实主义（Surrealism）是法国诗人纪尧姆·阿波利奈尔的原创词。1924年，布勒东撰写第一个宣言。超现实主义，反叛，要自由，穿越现实，打破理性，寄托潜意识和梦境，童年经验与非理性，追求重生的信念与希望。超现实主义提倡反叛，高举自由，对当时那不可理喻的社会政治现实给人措手不及的急遽的社会变化，提出要忠于潜意识，以梦般荒诞的形式呈现个人经验，以崭新角度梳理新社会新思维。这个时候的新女性，性格反叛、精神抖擞，渴望从一个既有的社会制度与桎梏走出来，自然而然地跟超现实主义接轨，或绘画或写诗或雕塑或拼贴或摄影。而女性是超现实主义男性信仰者的缪斯。

是的，女性是超现实主义的男性的缪斯。对超现实主义的他他他他来说，她她她她是天上的仙女、地下的巫师、性感尤物、楚楚动人的女子、天真无邪的孩童，具潜意识、多梦。她可以当（他的）模特儿，她可以（为他）提供题材，（给他）带来冲击，她是（他的）一个隐喻，（他的）一件工具，（他的）一个梦的开端。在他他他他的艺术创作里，拼贴或绘画或摄影，她她她她，无头、无脚、无手。裸露的身体，切割。支离破碎。

超现实主义推崇女性。超现实主义（男）者，没有公平公正看待女性。超现实主义运动的阵营，女性参与者众多。超现实主义运动，女性实存而名不在。好些女性艺术家后期回忆，从不认为自己是超现实主义运动的一份子——莱昂诺尔·菲尼曾参与超现实主义的展出，但她坚定不移地说：我从来不是一个超现实主义者。利奥诺拉·卡林顿说：我没有时间做别人的缪斯，反抗家庭和把自己锻炼成为一个艺术家已经够忙了。路易丝·布尔乔亚声明：我是一个存在主义者，我不是超现实主义者。弗里达·卡罗则表示：布勒东那伙人认为我是超现实主义画家，我不是——我从来不画有关梦，我画的都是我自己的真实。

的确，对于同期的男性超现实主义艺术家那梦般的剪裁，强调女性跟大自然的直接关系，或为照顾者的角色、天真烂漫、古怪神秘、情色、迷惑迷恋等的形象，女性艺术家们一点兴趣也没有，也不认为这样子反映她们的经验。她她她和她，拒绝被收编。的确，超现实主义是男性的。超现实主义的宣言，没有一个女性的签字——除了你，是的，你是少数（肯）在超现实主义宣言上签名的女性艺术家。是的，你支持超现实主义。是的，超现实主义作家诗人画家摄影师把女性看成他们的欲望、他们的缪斯——而你，你不男不女亦男亦女非男非女——你不会是超现实主义者的缪斯。你是超现实主义者。

1930年，你出版《无效的忏悔录》（*Aveux non Avenus*），一册合幻想格言、梦呓、三言两语的短句、图画和拼贴的流动的自传式作品——自白，无效的——那即是说，你并不在忏悔，你在声明：为自己另创词汇，用自己的皮囊骗骗人，为了征服而分裂自己，为了肯定自我而倍增自己。男女女男，为什么呢；女男男女，为什么不呢。短发、长发、光头，性别、性征、美、标准、逻辑，谁谁谁谁的呢。在这面具下，另一副面具：我把面具一一戴上，直到永远。你这样写。是的，希腊神话中的那喀索斯为自己制造了一面镜子，透过它，他看到别的一个自己。他不断地看，他重复地看。他有很多个自己。

个人主义，孤芳自赏，自恋狂——这个当然，你说这是你最强烈的倾向：唯一固然的坚持信仰。的确，有关角色扮演，是你的强项。有关自己，是女是男，非男非女。你又说：我在说谎，为此，我把自己不断散播。有关谎话，当代美籍越南裔电影创作人郑明河这样写道：女人在生活的基础上创作，她没有说谎……当她以生活为本创作，她不单在提供信息，也在把玩、发展、扩大她的幻想。是的，你说谎话，不，当然你没有真的说谎话——你只创造。你创造有关你的性别/身份，多元、流动、可变化，即生活实践。

你在巴黎的（超现实）日子止于1937年。这年，你和摩尔住到泽西岛。第二次世界大战期间，德国纳粹侵占泽西岛，你们继续以往在巴黎一连串秘密的反法西斯政治活动。你们在纸张上写有反战宣传字句，有时候画上一些图画，你们偷偷把这些纸张塞在德国军人的口袋中，或者搓成一团抛掷到他们的车内。一场政治/艺术活动，激进、活泼、有机、冒险。1944年，你们被盖世太保拘捕，并被判处死刑。虽然后来逃过一死，但你的身体已被打垮，于1954年过世。

二十世纪七八十年代，好些女性艺术创作人以身体作为一个创作母题。那是工具和策略，挑战传统两性不平等的关系。在更早的二三十年代，你以自己的身体来说明性别/身份的不稳定性。是男是女，非男非女。你装扮成女性，你装扮成男性。角色扮演，一种去身份，无身份（non-identity）的颠覆。是的，你的身体是你的，你的性别是你的，你的照相机是你的，你的语言是你的。你自主自决，是男是女，可男可女。你跳跃于二元之间，建构你的主体艺术。后现代主义强调不要主题——很久以前，你的照片/书写就无主题。后现代主义说去中心化——你的照片向来如此。你的创作与实践说明：非男非女亦男亦女忽男忽女，男/女，多面体、独立、可变。今天的社会观念，多元包容，男女性别关系身份服饰大兜乱，旁人不再窃窃私语、不会正面施以白眼、不敢大不屑。你的跨性别多面体，你的这些或者那些，今天看来，人或说，小事一桩。是的，二十世纪二三十年代，光头的女人，哟，不（可能）是一个女的，但又不是一个男的——男不男女不女，那算是什么？

希望有机会在巴黎的咖啡馆跟你见面。再谈。

赫马佛洛狄忒斯

亲爱的赫马佛洛狄忒斯：

都说一个头脑是兼容雌雄的，不管他/她伟大不伟大。当然，男中有女，阴中有阳，二者的特质放在一起的双性化，这你是最懂的。至于我，我只不过是一个摄影师——镜头下，我是主，我是客，我是女，我是男。我可男可女、非女非男，我是女男男女。无身份去身份让人清空有关可能的性别角色。所以，我跟你说，剃光头真的不是什么一回事。

克劳德·卡恩

14

尤金·阿杰特 × 贝伦尼斯·阿博特

发信人

贝伦尼斯·阿博特（Berenice Abbott，1898—1991）

美国摄影师

收信人

尤金·阿杰特（Eugène Atget 1857—1927）

法国摄影师 超现实主义

亲爱的尤金：

1921年，一个对摄影全无认识的年轻美国女子来到欧洲，她曾在柏林和巴黎学习雕塑。在巴黎的时候，她当美国摄影师曼·雷的助手。她从零开始，其后她拍摄文化艺术创作人物的肖像。曼·雷居住在蒙帕纳斯的一条街上，那里还住有一位年长资深的法国摄影师。曼·雷向年轻摄影师推介年长摄影师，年轻摄影师到年长摄影师的工作室探望他。看过年长摄影师拍摄的照片，年轻摄影师深受感动。她为年长摄影师拍摄肖像。时为1927年。同年4月，年长摄影师去世。其后，这位美国摄影师筹钱买下法国摄影师生前拍摄下来的大量照片，致力推广。其后，这位美国摄影师把法国摄影师拍摄巴黎的氛围气度，放到她拍摄的纽约中去。

是的，亲爱的尤金，你当然知道，那位年长摄影师就是你，而我就是那位曾经对摄影一无所知的美国摄影师贝伦尼斯·阿博特。

谢谢你，亲爱的尤金，你为我打开了一扇门——在你狭小的工作室内，我记得，你看来是多么地疲惫而又抖擞地给我介绍你的照片。而你的照片——那有关巴黎的——那么精彩那么多……

1839年，路易斯-雅克-曼德·达盖尔发明摄影技术，法国科学与艺术学院予以承认，法国政府购下这项技术专利。19世纪中，摄影的艺术价值开始引起关注。这个时候的照相机既昂贵又繁重且难于操作，不是一般人所能负担。但，摄影的确改变了人类的视像世界。

1857年，你在法国利布尔讷出生。父母亲在你小时候相继过世，你跟祖父母亲在波尔多生活。1878年，你搬到巴黎。你曾学习当演员或尝试当画家，你曾在这里或那里做些零星工作。1890年，你重返巴黎。你抬起一部大幅照相机，你开始你的拍摄工作。1897年，你开始拍摄巴黎。那时候你40岁。

1912年。4月17日。一个春天的正午。巴黎。一班人聚集在巴士底广场，他们抬头观看日食——日食，这，难得的天文现象——这，难得的一帧超现实主义创作人的合照。是的，这是一帧世纪照片——这是一帧你拍摄的照片。你很少拍摄人，更少拍摄群体。在你的镜头下，大都是巴黎的街道建筑——那老旧的巴黎的景象。

巴黎——老旧的巴黎。

19世纪末20世纪初，欧洲各国继工业发展、经济发达后进行革新。巴黎渐渐成为欧洲现代艺术文化重心。凯旋门、埃菲尔铁塔、

尤金·阿杰特《日食》（*Eclipse*, *1912*）

香榭丽舍大道、宫殿城堡、广场商场百货公司、石板路大街喷泉雕像、公园拱门新桥、展销会博览会、画廊、博物馆、咖啡馆餐厅、剧院、歌舞音乐厅，作家诗人音乐家画家摄影师评论家，各式风流人物在这里那里观看游玩抽烟喝酒、议政论事、谈天说地、谈笑风生。新世纪——所有东西都那么新奇有趣，紧凑急忙。城市人文建筑和人的精神面貌都起着重大的改变——新的将要来，旧的会被淘汰。是的，很多人想象的种种可能，都在巴黎发生。巴黎，是好多人的梦。这昨天或今天好多人的梦的城市。而你的巴黎，可不一样。你的巴黎是老旧的巴黎——那将要消亡、没入历史后的一个个的景观片段。

你漫走于巴黎街道。你一个人——每天在城市里经过一个一个熟悉的地方——漫走。你由大街转入小巷，由小巷拐至窄弄，再徐徐迈向大街。一个城市人的步伐。你看到的，不是这个城市满塞着的日新月异琳琅满目的物事，你看到的和想要看的，是一个没有人会注意的、不固定的、瞬息即逝的城市。是的，你记下城市：建筑物、大街、细巷、小商店、商店橱窗、老旧建筑的庭院、塞纳河畔的码头、树、楼梯、门、窗。你记下城市的细节：建筑物的石柱、墙壁上剥落的浮雕、一把门锁、一棵老树的盘根、一架手推车。你记下城市里头的人物：小商人、路边小贩、工人、卖艺人、妓女、乞丐、拾荒者。城市边缘的地方，贫穷人家的住所，空无一物或混杂的房间，那都是被放到一隅、将要被拆卸、被遗忘，或将要被遗忘的，你一一记下。

当城市大部分的人还依稀在梦，你出发。在晨曦以前的巴黎路上，你抬着沉甸甸的摄影机器材，迈着步、行走。你走在大街小路、细弄窄巷、斜坡、楼梯、交岔路、拐角处。你避开人来人往熙熙攘攘的景点。你看到一个点，你停下，妥当工具，在没有什么技术仪器的协助下，你依凭经验，你计算拍摄物的距离光圈标准，你在黑布风箱里，按着快门，观看，你等待——你等待那一个已在心中计算好的曝光时间、那沉淀的感知。一个晨曦的城市的一个景点、一个氛围国度，你照下。

你漫走于巴黎街道。19世纪中叶，法国诗人作家查尔斯·波德莱尔·皮埃尔在城市浪荡。漫游者他走进人群，观察、思考。漫游者正面书写现代城市新生活，新世界新视野——巴黎是一个新世界。街道上的风景，如此新奇多样。你漫走于巴黎街道。你走进城市，观察、思考。漫游者侧面拍摄现代城市旧生活。新世界旧模样——那被忽略的种种。街道上的风景，本来就如此多样新奇。你的照片，大都是直观的场景，即一般人的视线水平。但，那许许多多我们一般人视界的片段东西，我们行走经过了，匆匆的。我们无视，惘然不顾。

我听说，曼·雷曾给你借用新款的禄来福来相机，你婉拒了。你只爱用你的老旧相机——你也许有点守旧、不合时宜。当其他人或尝试新科技、新角度、新意念，你忠于自己作为一个人在城市的观察，你忠于自己的眼睛的审视。是的，你大抵拥有希腊神话中的巨人阿格斯的眼睛——阿格斯有一百只眼睛——啊，一百只眼睛！是的，对于巴黎，你看得明亮清晰、细腻深入。

你的巴黎古远宁谧。曼·雷非常喜爱你的拍摄，他购买你的照片，他把你的照片放到《超现实主义革命》杂志的封面去。对曼·雷来说，你的照片充满纠结的鬼魅。你拍摄巴黎的角落和拐弯处；你的巴黎叫人感到熟悉而陌生；你的巴黎空无人迹。空无人迹的街道、商店橱窗玻璃反映着造型优雅的模特儿，一切看来都模糊、不稳定、神秘。是的，晨曦前，你出发。所以，你看到还在梦中的人所看不到的城市景致氛围。因为大部分人仍在睡梦中，你的照片没有太多的人，如有，大都是长时间曝光下的鬼魅光影。是的，因为长时间的曝光，你的照片总有一束束一缕缕拖长了的光影。那直像新与旧、现实与梦想、记忆与欲望在交汇纠集的城市迷宫，而这就是巴黎——一个梦想之都——超现实主义者的梦。是的，超现实主义艺术家拥抱你那超现实况味的照片。

我记得，在你工作室的一扇门上，写有“为艺术家提供资料”的字样。是的，你拍下19世纪末20世纪初的巴黎，你把这些照片售卖给当时好些画家、诗人、作家、建筑师、舞蹈设计师，为他们提供创作参考资料——这是一个卑微谦逊的生计。是的，你从不自称为摄影师，你谦称你的照片为“记录”。曼·雷曾形容：这些昔日巴黎系列的照片，并没有被看成是一个专业摄影师或艺术家的作品，而只是一个城市原始人当下即时的观察——这有如法国后印象主义画家亨利·卢梭的摄影版。是的，你是一个城市人，一个漫游者。你是一个怀旧的浪漫主义者，一位忠诚的记录员。你淡然、直接、真诚地记录巴黎——真实的巴黎。19世纪末20世纪初，你的镜头下，巴黎是另个模样、别个世界。这是巴黎的真实。

你寂寂无闻，你默默工作。你生前并没有参与任何展出，你的照片在你过世前十多年才受到重视。迟来的被认同、被欣赏，迟来的荣耀，但你拥有巴黎。从19世纪末到1927年你过世那一年，你把整个巴黎都拍摄下来了——我拥有所有的老巴黎——你说。的确，你拥有巴黎的全部、古旧的全部。当代美国作家詹姆斯·索尔特这样写道："那是阿杰特的逾万帧照片，他为巴黎拍下的著名旧照，那个已经逝去的巴黎，那些默默无语、沐浴于披有氯化金的褐色相纸的伟大影像——我在想念这些照片和照片的作者，他每天破晓未至就出门，慢慢地从居民身上偷去这个城市的点滴……"

是的，当城市和城市的人仍在睡梦中，你像一个夜行出没的"小偷"。晨曦前，你背着一个重担——你抬着重达二十多公斤的照相机工具，和你开展的一个沉重的记拾课题——你把当下的城市的过去的碎裂的片断的，（窃取）收集、捕捉。一个拾荒者。

德国哲学家瓦尔特·本雅明称你这些照片为"犯罪场景"（scene of a crime）。的确，有关巴黎，你捕捉你收集。你窃取，那是因为有关城市的东西物事，我们丢弃，我们遗漏，我们忘记。因为当我

尤金·阿杰特《街头音乐家》(*Street Musicians*、*1898–1899*)

们悄然在梦的时候，拾荒者在晨曦以前就在街上工作，拾取我们扔弃的——有关今天的以前、有关昨天的、刚过去的那一刻。一眨眼间，物事西东，都成为陈迹。有关陈迹，我们视若无睹听若罔闻。城市。璀璨。现代城市，一切浮光掠影，我们感觉熟悉又陌生，因为一切在推陈出新。也许，你没有记下新纪元，也许，你没有记下新巴黎——你的老旧的巴黎却提供了不一样的记录与论述。

摄影改变了人类的视像世界。的确，照相机出现以后，世界的影像不一样了。我们从柏拉图的洞穴走出来。我们观看，我们收集，我们记录。今天，我们不再争议摄影是否是一种艺术形式的议题。但，摄影的民主化，却又让我们的视觉消费疲于奔命。真正的现代化和现代主义好像并没有让我们认清我们的视野。当我的头脑不清晰的时候，当我分不开这和那、真与假、好或坏的时候，我看你的照片——我跟着你在巴黎漫走。你照下清澈的一片曙光：晨曦以前的，一点一滴。在观照这看似熟悉的城市中的陌生，你提醒我关顾周边或会忽视的东西：我要看、细心看。我尝试追随你的步履，想象你的感知——亲爱的尤金，谢谢你的人文精神、你的锲而不舍、你的老旧坚持。谢谢你为我打开了一扇门——我以大幅照相机记录纽约许多现已消失的片段，就像你记录巴黎一样。也许，我可以变成一个城市漫游者拾荒者，如果我有你那在晨曦中对（没落）城市的那份感触和历史感。

亲爱的尤金，你大概不知道，巴黎十三区有一条以你的名字命名的街道。你过世后，有关你的照片版权一直有很多争议。或者这样说，没有人能够承继你的照片。但，你的照片影响着每一个爱摄影、爱巴黎的人。

贝伦尼斯

亲爱的贝伦尼斯：

我多么想念在巴黎破晓前的蠢动。我多么高兴扮演拾荒者的角色。谢谢你把我的老巴黎保存下来。

尤金

15

萨尔瓦多·达利×蒙娜丽莎

发信人

蒙娜丽莎

《蒙娜丽莎》(*Mona Lisa*)

收信人

萨尔瓦多·达利(Salvador Dali，1904—1982)

西班牙超现实主义

亲爱的萨尔瓦多·达利先生：

我做了一个梦，我长有一撮向上翘的胡子——天哪，事实上我整个脸容都换上了一个瞪大眼睛的男子的模样——啊，这么一个噩梦叫我吃惊——尊敬的达利先生，你大概不会奇怪我为什么给你写信而且谈论我稀奇古怪的梦——你当然知道，我说的其实不是梦——1952年，达利先生你把我的脸换上你的脸，而且在嘴唇上画了一撮向上翘的胡子——啊，有什么比这更像一个噩梦——你的胆子可真不小，这真的是岂有此理——请原谅我——我不得已说上这不体面的话。但任谁都可以理解我的生气——你怎么可以对《蒙娜丽莎》(*Mona Lisa*)如此冒犯——我听说，按你的解释如此这般是丰富了画的整体性。你当然知道，1919年，一位名叫马塞尔·杜尚的法国先生在你的前头做了开路先锋——他用笔在我的脸上画了一撮山羊胡子，又在画面下方签了L.H.O.O.Q.几个不知什么意思的字母——你的狂妄变得合理化。这之后，后来者继续开我的玩笑。大家已经不再当《蒙娜丽莎》是什么一回事了——我的天哪——这是怎么一个时代!

你得知道，《蒙娜丽莎》是伟大的达·芬奇于1507年完成的绘画。你得知道，《蒙娜丽莎》是意大利文艺复兴时期的重要作品。我原来的名字是丽莎·格拉迪尼，我是弗朗西斯科·戴尔·乔孔达的妻子。乔孔达先生邀请达·芬奇先生为我绘画肖像：我穿上当时的潮流衣裳，坐在阳台，背向外头的风景，我面向前方，我的双手交叠，轻放腹前，我的一个嘴角微掀。我微笑。

我微笑——在我之前，没有画家的肖像人物是微笑的。是的，在《蒙娜丽莎》以前，女性在画里头端坐得正经八百，目光或稍微回避面前；在达·芬奇的笔下，我直视前方，我微笑。我的微笑显得神秘莫测，我神秘的微笑把好几个世纪的人都弄得神魂颠倒。1805年始，《蒙娜丽莎》摆放在法国巴黎卢浮宫；观赏我的人络绎不绝——我听说，20世纪末，平均每天有两万观赏人次——一大群人靠拢在画前的一块玻璃幕前，大家屏住气息、观看、赞叹称奇，导览员或滔滔不绝如此这般讲解——我，但笑不语。

是的，巴黎卢浮宫是优良的博物馆。的确，19世纪末20世纪初，巴黎已然是一个重要的文化艺术中心，好些意大利画家们都仰慕向往。我听说，一位意大利画家亚美迪欧·莫迪里阿尼就曾在蒙马特和蒙帕纳斯居住工作；我又听说，1911年，好些意大利画家在巴黎有

达·芬奇《蒙娜丽莎》（*Mona Lisa*，1507）

一个关于未来主义的展览，引来很多回响。

巴黎已然是一个重要的文化艺术中心。1937年，巴黎国际博览会。三位西班牙画家代表的作品：巴勃罗·毕加索的《格尔尼卡》(*Guernica*)、胡安·米罗的《收割者》(*Reaper*)、萨尔瓦多·达利的《内战的预感》(*Premonition of Civil War*)——我看你的画作：蓝天白云下，荒芜大地上，巨大而零散断裂的赤裸肢体，仰天长啸，痛苦狰狞。你绘画有关战争的恐怖，你的作品倒是不赖的，你大抵没有想象跟偶像一起展出吧——我听说，1925年，毕加索和米罗对你在巴塞罗那的个人展出都表示赞赏——第二年，你带着《费格拉斯的少女》(*The Girl of Figueras*)到巴黎，你抵达第八区波艾蒂路，你拜访毕加索——这比到卢浮宫观看前辈大师的作品还要激动。你如此形容。我又听说，毕加索对你如此这般的举措接受得理直气壮、理所当然。

毕加索也许伟大，看来你也不平凡。我不禁好奇地翻看你的自传故事——1904年，你出生于西班牙加泰罗尼亚的菲格拉斯。6岁的时候，你想当女厨子——好奇怪的一个念头，7岁的你要做拿破仑。通过父执辈画家拉蒙·皮乔特，你知道了有关印象主义，你想当个印象主义画家。14岁，你举办个人画展。17岁，你到马德里美术学院进修艺术——我想你只不过是虚应故事而已，事实上，你游走于传统与现代艺术：你爱文艺复兴时期的作品，西班牙画家迭戈·委拉斯开兹是你的偶像，你欣赏前拉斐尔派的精细技巧，你受意大利画家乔治·德·契里柯和卡洛·卡拉那形而上绘画的影响，你爱立体主义的实验性。骄傲且成功的画家学生成为激进的学生代表，你曾煽动学生暴动而被勒令休学。

是的，你的绘画技巧你的艺术视野已超过你的同伴。你野心勃勃特立独行。你留一小撮胡子，你衣着打扮讲究又标奇立异。是的，你要被注视你要被谈论。你要成为中心人物，你只会做别人认为不该做的，惹是生非是必然，你要越过加泰隆尼亚，你要跳出西班牙。1927年——你想象，不，你认为，你来到巴黎，你可以征服她。

所以，在1929年公演的《安德鲁之犬》(*An Andalusian Dog*)——你协助法国导演路易斯·布努艾尔编写一出16分钟的默片——很多蚂蚁爬到我的手上来，啊，我用刀把谁人的眼睛割开了——你把梦中的场景搬到影片里去，而影片的蒙太奇都是了无故事没有关系——牛刀小试的夸张荒诞而已。本来只作有限播映的影片得到巨大反响，最后放映了8个月。这之后，布纽尔继续他的导演工作，而你就名正言顺地当你的超现实主义画家。

是的，作为一位超现实主义画家，你荒诞夸张得理所当然。超现实主义是法国诗人纪尧姆·阿波利奈尔的原创字；1924年，超现实主义的精神领袖安德烈·布勒东发表第一篇《超现实主义宣言》（*Manifesto of Surrealism*）。第一次世界大战后，一切复苏中，一切从头开始，人性迅速异化。艺术家或充满反叛情绪继续反抗传统标准反对社会、或走向抽象感情的表现。是的，以非理性抗衡攻击现行的文化和道德的标准价值，反对社会政治、否定美学，是达达运动和超现实主义所关心的。超现实主义追求自由，相信反叛，超现实要打破理性平庸、反逻辑。超现实寄托潜意识、偶然性、梦境、童年经验、直觉、纯粹的精神自发现象等。超现实超越习以为常的经验与视野，拥抱意外。超现实追求重生的信念与希望。如此，超现实的作品，无论是绘画、摄影、诗歌、戏剧，都叫人感到错愕惊讶不知所措。

早在1895年，奥地利精神分析学家弗洛伊德提出人内在隐秘的欲望会促成偶然的无意识行为。这，就是自由意志。换句话，潜意识让人得到解放。弗洛伊德的论述为布勒东和超现实主义者提供了指导方向：自动写作。因此，摒弃理性、逻辑，把随想的、率性的、毫不相关的东西物事放在一起，成为超现实主义的创作方法或表现形式。

是的，弗洛伊德的潜意识或超现实主义的自动写作、寄托梦境等概念对你产生了影响。这个时候，你在巴黎蒙帕纳斯跟其他超现实主义者已经混得很熟了。打从19世纪下旬的印象主义至20世纪初的立体主义，你对现代的艺术风格都有一定的了解和实践。你在找寻新的艺术语言。革命性的艺术如立体主义对物体的理性分析再不能满足你；你又认为潜意识或自动书写的概念不足以令作品产生震撼力。你要超越超现实主义的表现层次——你相信理性的力量可以掌握潜意识和梦；换句话，没有关联不合情理的拼凑，是你悉心的经营，看似梦境的绘画，是你深思熟虑的安排。你制造：岩礁峭壁化石骨头，尖锐而分散，兀突怪异，沙漠大地海洋，苍穹，废墟，无际无涯，奇怪扭曲断裂的肢体五官，拟人化的物和翅膀，返祖现象的形象。有机、柔软、充满质感。最后，一切看来都是潜意识和梦魇般鬼魅荒诞。

我听说，你如此这般创作——1931年，一个晚上。你吃过简单的晚餐。你立于一幅还未完成的作品前，观看：利加特港、岩石、光秃的橄榄树、混凝土的石板、夕阳。几样看来毫不相关的东西物事拼凑在一起，不合逻辑的、如梦境的意象，但，梦还未完、待续——倏地，才刚尝过香滑乳酪甜品的柔和温婉感觉涌上心头，如此，你在画前工作：几个时钟或挂或伏或依附在秃树或夕阳或岩石或利加特港上去。时钟柔软变形——时间，行进，固定或不——一套象征话语。如游离的童年经验、潜意识，或梦。你把空旷、荒漠、远古和现代拉在一起，似是而非的混沌系统化了而停顿下来，这，你创造的梦。这就是《记忆的永恒》（*The Persistence of Memory*）。真实的世界，梦，非梦。

的确，无论是弗洛伊德的潜意识或者超现实的信仰，都为你提供无拘束的创作的可能。你或信手拈来，或作隐喻、假借、变形、东拼西凑——通过你有意识的狂想，你呈现荒诞非理性反逻辑的梦想世界。可以这样说，超现实主义画家相信梦，而你相信你创造的梦的超现实。事实上，你的作品让人相信：你创造的梦境，是你真实的梦。

是梦、不是梦，其实很难说得准吧——真实的梦。梦的虚拟。你说：我跟疯子的区别，在于我不是疯子。语不惊人死不休。是的，你不是疯子，你装作疯癫狂妄，却叫人翱翔，疯狂的、自由的。布勒东曾说，达利的绘画，把精神的视窗打开，在其中，人感觉如在无边际的天空翱翔——是的，因为要自由翱翔，超现实主义者离经叛道。有关性、色情，甚或很少成为人文艺术家关切的粪便等，都是你重要的题材；特立独行的你理直气壮：超现实主义得要接受一切不可思议的东西物事。弗洛伊德曾形容你：我从未遇过一个如此狂热的西班牙人。

弗洛伊德又指出，女性更易有歇斯底里的倾向，因此比男性更接近潜意识。大概如此，超现实主义推崇女性。女性是超现实主义的男性的缪斯。是的，对超现实主义的男士们来说，她是天上的仙女地下的巫师、她是性感尤物楚楚动人的女子、她是天真无邪的孩童。她具潜意识、多梦。但，超现实主义的男性，没有公平公正看待女性——她可以当他的模特儿，她可以为他提供题材给他带来冲击，她是他的一个隐喻，他的一件工具，他的一个梦的开端。在他的拼贴或绘画或摄影的艺术创作里，她无头无脚无手，裸露的身体，切割、支离破碎。还好，在你的作品中，你的缪斯并不破碎支离——1929年，你在巴黎邂逅超现实主义诗人保罗·艾吕雅的妻子加拉，惊为天人；其后，加拉成为你的终身伴侣。

1934年，你们来到纽约。超现实主义在当时的美国已经成为时尚。一切的荒诞变得理直气壮顺理成章。这个时候，你的超现实跟巴黎时代的同行者大抵很不一样了。超现实主义者不想包含你，或者应该这样说，你不再需要超现实主义：超现实主义者跟我的分别是，我就是超现实主义者。狂妄傲慢的你如此说。

因此，《蒙娜丽莎》长有一撮向上翘的胡子，大抵是你很寻常的举措。达利先生，你大概知道，《蒙娜丽莎》是达·芬奇的人体工学一个美的例子：和谐、对称、平衡，这都是文艺复兴时期重要的艺术建筑指标。而我，那一个时代对女性、美、高雅的表彰。是的，你当然懂得。达·芬奇的作品不多，但足以让人高谈阔论学习研究的，逾5个世纪。一个时代有一个时代的标准，关于美、关于微笑。的确，我历经了无数艺术家非艺术家们的调侃，或编了好多有关神秘呀那是谁呀等论述，真意想不到。而你把我超现实化了——《蒙娜丽莎》成为高级与低级艺术文化的斡旋之梯——也许是挑衅或时尚，也许是革新或划时代。我如是想。是的，20世纪西方绘画在反对传统艺术的呐喊声中走得远远的。艺术不再是客观的、艺术不再是真实的再现、艺术不再是描画或叙述性。革命革新的艺术从客观的再现的描绘的具体形体中解放出来、彻底地解放出来。你创造你的潜意识，你创造你的梦。而我的梦，竟在你的潜意识中。

蒙娜丽莎

亲爱的蒙娜丽莎女士：

我留有一小撮胡子，那是对前辈画家迭戈·委拉斯开兹的致敬。你知道，法国诗人作家查尔斯·波德莱尔·皮埃尔曾形容：一个花花公子得要无时无刻都在照镜子，清醒时和在睡觉时。我就是这样的一个花花公子。是的，我是那么爱照镜。每天早上醒来，我感觉绝妙的喜悦——那是作为萨尔瓦多·达利的喜悦——在狂喜中，我要创造美妙的物事东西——所以，我创造了（另一个模样的）你。

萨尔瓦多·达利

16

古斯塔夫·克里姆特×阿黛尔·布洛赫-鲍尔

发信人

阿黛尔·布洛赫-鲍尔（Adele Bloch-Bauer，1881—1925）

克里姆特一位绘画对象

收信人

古斯塔夫·克里姆特（Gustav Klimt，1862—1918）

奥地利新艺术运动

亲爱的古斯塔夫：

我知道你很少写信。但不打紧，我没有期望你的回信。但无论如何，我得要给你写这一封信。我翻看21世纪初的事件簿——那距离我们已经一百年了——2006年6月，《阿黛尔·布洛赫-鲍尔I》（*Adele Bloch-Bauer I*）的拍卖价是1.35亿美元，成为到当年为止全世界最昂贵的画——真的不得了啊。那你于1907年完成的作品，那你绘画我的肖像——啊，这是我的荣幸，亲爱的古斯塔夫，我怎么能够想象当年挂在家中显眼位置的肖像画，会有如此辉煌的成绩。

我应该想象到的。《阿黛尔·布洛赫-鲍尔I》，高1.2米，宽1.9米，你采用大量金箔片和银箔片，以精细的错综复杂的技法，在画面上取得异常夺目的效果。画中的我满身周边都是珠宝、首饰、玉石，还有黄金青金红金玫瑰金黑金，一组一系列的，一个海洋般的，泛滥。那金的镶嵌，是拜占庭式的，那重复的螺旋、涡轮样，是迈锡尼青铜文化的，还有鬼魅的埃及式的眼睛的图案，啊，一个一个远古的文明。如此，一个地上的人物，升华，如殿堂的梦境的幽灵。那魅力，金属的，超然，如无重量的重，近而远，或可触及或不可。那闪烁的材料，丰富的装饰，是财富、是炫耀——啊，你这画多有气派——是的，我是一个有气派的人。我来自一个富贵人家。你画我，我成为一个你黄金铺张极致的人物。

我这肖像画另一个中文译名是《黄金画作》——的确，这是你黄金时期的作品。啊，黄金时期——我看过一部名叫《午夜巴黎》的电影，其中一幕描述活在20世纪初的巴黎的一个女子穿越时空，在巴黎的餐厅碰到印象主义后印象主义的法国画家：埃德加·德加、亨利·德·图卢兹-洛特雷克、保罗·高更，她认为19世纪末的巴黎是好——啊，如此良辰美景美好年代——咖啡馆歌舞厅，高尚优雅的美心餐厅，新艺术运动装饰性设计的红磨坊，华衣美服，风流人物，歌舞烟酒，谈天说地，谈笑风生，陶醉糜烂，夜夜笙歌，还有土鲁斯-罗特列克绘画新艺术风格的画和海报。巴黎——19世纪末的黄金时期。

啊，19世纪末的黄金时期。美好年代，新艺术运动——我听说，新艺术之名来自一位德国艺术品经销商在巴黎开设一间名为“新艺术之家”的画廊。这位经销商塞缪尔·宾钟爱现代艺术重视平面设计，除摆放欧陆不同画家的画作，他搜罗许多亚洲地区的工艺作品。1900年，巴黎世界博览会，他引入现代家私家具日用品，让人对现

古斯塔夫·克里姆特《阿黛尔·布洛赫-鲍尔I》(*Adele Bloch-Bauer I*, *1907*)

代设计新艺术有更多的了解。的确，19世纪中工业文明以来，进步国家在建设上采用新物料新方法，工业设计变得实用，但或缺乏美感没有个性；一些画家建筑师设计师从中世纪或哥特式或自然风格或东方工艺品的图像中，找寻符合现代美学装饰设计的新艺术语言。而有关新艺术的名字可真不少：法国人叫它做Art Nouveau，意大利人称之为Stile Liberty，西班牙的翻译是Modernisme，德国的名字叫Jugendstil，还有奥匈帝国的说法是Secession——分离派，奥地利新艺术运动，你是当然的中流砥柱。

1862年，你出生于奥地利维也纳一个贫穷家庭。1876年，你获得奖学金资助到维也纳工艺美术学校进修；不多久，你的才华被赏识，你接受密集的绘画训练，你学习不同类型的装饰设计和传统的石膏雕塑造型，这为你日后的创作奠下深厚的根基。1880年，你跟弟弟和朋友三人开始为博物馆、大学、剧院等建筑物创作壁画。一个名为“寓意与象征”（Allegories and Emblems）的系列：流线型的图案，几何又有机的大自然花草，真实的物象跟抽象的型态放在一起，微不足道的题材被描绘为富寓言式象征性的陈述——是的，你把宗教神秘主义和原始图像结合，你的绘画风格已然确立。这之后，你的工作不断。你的创作如日中天。你是大学和美术家协会的荣誉会员。不到30岁，你已经是奥地利举足轻重的画家。

1894年，你接受维也纳大学邀请创作一系列天花壁画：《哲学》《医学》与《法学》（*Philosophy, Medicine, Jurisprudence*）——你绘画了一些叫传统大学人哗然的怪异、阴森、恐怖、色情、颓废的草图。作品不被接受。你知道，你不想再受保守传统学院派的束缚，你不想留在牢固的狭隘的艺术创作形式。于是，对你的赞助人，你冒犯；对你的将来，你冒险。1897年，你跟好些反学院派的朋友组成奥地利艺术家联盟——分离派（Secession）。分离派或新艺术派涵盖绘画、建筑、室内设计、工艺设计、书刊设计等领域，期望为年轻的非传统的创作者提供展览平台，介绍外地优秀艺术家的作品，同时发行期刊《神圣之春》（*Ver Sacrum*）。

跟法国巴黎、德国柏林或慕尼黑相比，奥地利维也纳的艺术品买卖并不活跃，奥地利人对其他欧洲城市的艺术发展显得无知。你和你的同侪需要新鲜的养分现代的冲击。但吊诡的是，自从你脱离委托任务而独立工作以后，你跟外边的艺术世界发展更趋远离，你的风格变得更色情更富情欲更具寓言色彩。你的画作都是有关生、死、爱、欲，满布恐惧、凌乱、怪诞的情绪，交叉着压抑、约制、缠绕、复杂的状态。啊，寓言与象征——这是你的艺术作品突显的，也是你那个环境的产物：一个时代的完结，一个时代的未知。你的黄金时期——奥匈帝国末世风情的写照。

是的，奥匈帝国，绚丽辉煌，曾经；而在19世纪末20世纪初渐渐色褪消亡。旧的制度，新的秩序，既有的观念，动辄的可能，政治上艺术文化思潮上的。在新与旧的制度秩序观念的冲击交替下，一切都在骚动却还未动，一切都在变化而不可知。而人或迷失、不安，充满无力感。对教条的制约与压抑，人或更抗拒反叛，对性和身体，或呈现得更赤裸暴露。你有一本《不存在的自画像的纪事》（*Commenting on a non-existent self-portrait*）：…… 我没有画过一幅自画像…… 我比较喜欢画其他人，尤其女人。是的，你画很多女人。你画有很多女性的身体。你的女性形体，裸露、诱人、妖冶，荡妇，蛇蝎美人，倾国倾城的色欲诱惑他人堕落的 —— 一句话：femme fatale —— 致命的女人。

你的画作，情色、糜烂、颓废，你叫人脱下道具衣服，那表面伪装的 —— 血肉、虚空、美丽、丑陋、正经八百、腐朽肮脏 —— 一切无所遮掩不能逃避。如果你画的是一种病态，因为当时的社会有这么一种病态：有关色欲的，既禁忌又好奇，既批判又迷恋，双重道德标准，表里不一，精神性格分裂。那靡靡之音，一个金黄时代、一个黄金王朝。我想，你的《吻》（*The Kiss*）是你黄金时期的黄金作品。那里头的人物，有情有欲、金黄跌宕、黄金璨耀、高潮迭起、艺术巅峰。生、欲、爱、死：一切都得到释放。或者，那才是生命，尽管糜烂消亡。几年后，你画《死亡与生存》（*Death and Life*），多彩的图案围拢着几个赤裸的睡觉模样的男女老幼，一个穿着十字架图案长袍的骷髅头在一旁虎视眈眈，原本黄金的背景以墨绿藏绿青绿遮盖了。生、爱、欲、衰亡。不可逆转的规律。你或盼再生。

盼再生。你画，你给我绘画了两次肖像。《阿黛尔·布洛赫-鲍尔I》（*Adele Bloch-Bauer I*）完成于1907年，金银夺目。但，有关我的

埃贡·席勒《穿蓝色罩衫的克里姆特》(*Gustav Klimt im blauen Malerkittel*，*1913*)

血我的肉只占画面很少的部分——我的面庞、我的颈项、两肩、胸膛、互握的双手，究竟我是坐或站，看来都不重要。就像你打造比利时斯托克莱宫——新艺术时代的建筑物——金碧辉煌，一切只可以远观，一切都显得不具生命力。《阿黛尔·布洛赫－鲍尔II》（*Adele Bloch-Bauer II*）完成于1912年。画中的我如蝉脱壳，一个活生生、现代的女人。是的，我曾经躺下、做梦：我走进金碧辉煌中，看见一件宝贝，我取去。我醒来了。我穿上在阳光下吹晒的衣裳。一件合适的裙，头上一顶帽，肩披一条巾，戴一对耳环，站着，照镜，看。我身后镜前都是翠绿粉紫淡红，铺张着东方的图画。过去、现在、未来，东西方的穿梭。一切都显得进步、可能。

是的，我生活在一个不鼓励女子接受教育的时代。我运用我的地位财富，设立沙龙聚会，接触当时的作家画家音乐家诗人，自我教育。现代女性不一样了，她可以叮叮当当、沸沸扬扬，她上班工作或当自由职业，她不一定会驾驶汽车帆船潜水冲浪，她行动自主，性自主，她可以产子而不婚，她不必倾城倾国——这，过时了。她是新女性，她（不一定）穿金戴银，（但有时会）低腰露臀。女性的光芒，不一定在黄金宝石的镶嵌拼贴，她有欲望，她会愤怒，她有思想，有朝气、活力、血和肉，她把一片片一块块堆砌的宝贝，除下、收好，她不是一块金或一片银的塑造，她是金、银。她是现在式、进行中。当代法国作家埃莱娜·西苏和凯瑟琳·克莱门特探讨“重新出生的女性”（the newly born woman）：古远、天真、流丽、有力量、不可能的——大概是这个意思。

你很少谈自己的画。你不写日记，也很少写信。我听说你一封较长的信是写给屋主投诉炉灶的问题。你宁愿在电话里交谈。你很少出门外游。虽然你曾到巴黎，跟好些画家如土鲁斯-罗特列克碰过面，但不见得你怎么喜爱那个地方。相对另一个国度的艺术发展，你对在维也纳已发展的或有很多恋栈，你或故步自封，但你专注努力工作——你的一个朋友这样写道：……一个有活力，大而有力的身体，他的头像信徒般套在强壮而粗的颈项上……那眼睛，多么忧郁不谙世故……不谙世故的你跟妈妈和两个妹妹住在简朴的居所。你爱赤裸身体穿上宽大的工作长袍，你脚趿一对凉鞋。每天早上，你在美泉宫一间咖啡馆吃早餐，然后坐小型出租马车到工作室。是的，你每天工作，长而定时。你喜欢朋伴，但你大多沉默寡言。你跟周边的人保持距离，远离是非。你从不去那些充斥艺术或文学议论的著名咖啡馆。在《不存在的自画像的纪事》中，你写道：我可以绘画和素描……我没有什么特别，我是一个从早到晚，天天都在画画的画家……我没有说话或书写的天分，尤其要讲关于我或我的画，如果要我写一封尽管是很简单的信，我都会像晕船浪般又惊又怕……谁想要知道有关我——作为一个艺术家，唯一值得关注的——应该仔细地看我的画。

我仔细地看你的画。那你画我的肖像画。啊！1907年是多么有意思的一年——那一年，你在维也纳画我的第一幅肖像；在巴黎蒙马特的一间工作室，西班牙画家巴勃罗·毕加索完成了一幅名叫《阿维尼翁少女》(*The Young Ladies of Avignon*)的画——好些人说，这画为20世纪的艺术带来新景象。我没有看过这画，但，有人如此描述——5个女子人物形象畸形、比例不均、裸体、挂着异国土著民族面具式的脸，没有风景没有花草树木没有细节，前后景的内容混在一起，没有景深不讲求透视，赭红和灰绿的平涂，没有技巧的明暗过渡——这画看来多么粗糙笨拙。我听说一个名叫塔玛拉·德·兰陂卡的波兰画家对毕加索就嗤之以鼻，认为他绘画的都是体现所谓破坏的新奇。是的，19世纪末20世纪初的画家艺术家都在探索新的艺术风格，他们或发展新印象主义、后印象主义、野兽派、立体主义、未来主义、表现主义，不一而足，而你专注于你的寓言式象征性的新艺术风格。而你的作品糜烂，你的作品不无争议。

1918年，中风了的你患上西班牙型流行性感冒过世。辉煌的奥匈帝国也拉下布幕。时间对你或有点不近人情，我听说，好些你的作品原来的光泽，褪色了。但，1907年，或者它的前后期，你的情色你的欲望你的黄金画作，是最好的。在我心目中，你是最好的。

阿黛尔

亲爱的阿黛尔·布洛赫-鲍尔：

你知道，我很怕写信。是的，绘画你的肖像的时候大抵是我的黄金时期。是的，我经历学院派、分离派，我经历黄金璨耀、金黄跌宕，我经历虚空血肉、糜烂消亡。是的……我没有什么特别，我是一个从早到晚、天天都在画画的画家……

古斯塔夫·克里姆特

17

爱德华·蒙克×《青春期》画中少女

发信人

《青春期》(*Puberty*)画中的少女

收信人

爱德华·蒙克(Edvard Munch，1863—1944)

挪威表现主义

亲爱的爱德华·蒙克先生：

大城市，街道上，我不知道怎样横过马路——我站立马路边，人来人往车来车往，急忙嘈吵，我不知道怎样横过马路，如此车多人多，我看见别的人行走，我紧随在别的人的边旁，行走，我跟大伙儿走、急步走。那大概是一秒钟半秒钟甚或十分之一秒钟的光景——混乱、恐惧、失衡、疏离、麻木、反感，莫名其妙的，突如其来的，这样子的情况感觉反应又恍如隔世。用今天的话说，如此这般的状态，我思绪失调得要求医吃药寻求心理辅导。这是我的个人问题，人们或许这样认为。城市充塞着人和车。高楼大厦，混杂充塞城市。是的，人人人车车车，东西南北而来的步伐和声音，紧凑急忙。一切的声音响起来的时候，一切的声音重叠变得不清晰。城市/生活，叫人做噩梦。城市/生活，是一个噩梦。是的，在其中，我只有呐喊——我张开口——喊叫——而寂寥、无声。自己的喊叫——都听不到——没有声音的世界。或者，喊叫的压根儿没有声响——有什么声音比没有能够发出声音比没有能够听到声音来得如此惊恐？

那是19世纪末20世纪初、还是20世纪末21世纪初——好像都差不多……

但，亲爱的蒙克先生，你没有把我画到城市的街道上去；你只画我坐在一个房间的床的边沿而已。那时候你住在德国柏林一个套间。晚上，你画画。我听说你常在夜半工作。我坐在床边，我身上的衣服都褪去了，我双手交叉按在大腿与膝头。我不无害羞不无尴尬。我双眼瞪得大大的，一脸不知所以然。我听说，你把（我）这特质描绘到画上去。这画命名为《青春期》（*Puberty*）。

这画没有什么东西看似跟声音有关。而一大片阴影在我身旁后头——一大片浪荡晃动着的阴影在呐喊似的，绘影绘声。有什么声音比没有发出声音比没有能够听到的声音来得惊恐——

倏地，我看见你——一个黄昏，一座桥上，不知是男是女的躯体穿着灰黑色的衣服。无发的头颅，无细致的五官，无描画手指的双手。他/她双手掩耳、眼张大、口张开、喊叫。后头远景两个穿着黑色衣服的狭长的身影，或在行进。天空一大片血般的红色的云，血的云，血的天，来回一大片、一大片，桥外一片一片或湖水或路面，灰蓝蓝灰。你说：我跟两个朋友在路上，太阳下山，我感觉一抹淡淡的忧悒，这时候天空变得血红，我站立不动，靠着栏杆，疲惫

爱德华·蒙克《青春期》(*Puberty*、*1894—1895*)

不堪。云仿如血和一把剑般挂在蓝黑色的峡湾和这城市的上空。我的朋友们继续前行，我站在那里，满怀焦虑地颤抖，我感觉一股巨大、无休止的喊叫在大自然中穿过。

是的，就这样，1893年，你画了这影响超过一整个世纪的《呐喊》(*The Scream*)。你的画的颜色阴暗而强烈，你的线条简单而夸张，你的人物直面正视，你的透视点拖延伸长。那呐喊强烈夸张尖锐。你在桥上遇到的想到的，或在这之前想到的看见的，在桥上，那一刻，迸发——张大了的嘴巴。无声的呐喊。那喊叫像摄影机咔嚓一声，把映像留下、冷却、冻结、凝住。无声的呐喊，幽灵般的，在空间拖曳——他/你喊叫些什么，你/他惊惧些什么？

你做梦。那往往是噩梦。

1885年，你画《生病的孩子》(*The Sick Child*)：女孩依靠着床上的枕头，侧面对着窗，低着头的妇女坐在边旁，可以想见的疲累，桌上有药瓶、水杯。1889年，你画《春》(*Spring*)：窗前，女孩坐在椅上，别过头来，一个稍年长的女子坐在一旁，或在编织，桌上有水樽、药瓶，外面春和日丽，风把窗前的白纱吹起，但一室沉郁，吹之不去。

画中呈现的是沉压的氛围，你在处理一种内在情绪——你体验疾病与死亡——这是你其后常用的母题——外面的世界，内在的经验。

外面的世界。你曾形容：我跟死亡生活在一起。1863年，你出生于挪威雷登，在克里斯蒂安尼亚即现在的奥斯陆成长。母亲和姐姐在你小时候过世，妹妹患有精神病，你觉得父亲有点神经兮兮，而你自小也体弱多病；你的童年不愉快，还好你喜欢绘画。1881年，你到奥斯陆设计学院念书。你早期的绘画是较写实的。

相对整体欧洲艺术，挪威的艺术传统不长；除写实风格，浪漫主义的风景画和人物画是主流。19世纪中叶，好些移居到德国、意大利、英国和法国等地的挪威画家看到外面的风景，想把不一样的艺术文化带返挪威。1879年，有关法国的绘画艺术在奥斯陆展出——新颖新奇新鲜——挪威画家不禁显得有点落后。之后几年，你多次到巴黎——世界博览会、卢浮宫、画廊沙龙展览。你看画家的作品：保罗·高更、文森特·凡·高、亨利·德·图卢兹-洛特雷克、保罗·塞尚、卡米耶·毕沙罗、克劳德·莫奈、爱德华·马奈、迭戈·委拉斯开兹、伦勃朗·哈尔曼松·凡·莱因、弗朗西斯科·戈雅，等等。的确，传统或现代的欧洲艺术都让你感到兴奋，你尤其爱以颜色表达感情的作品。我听说，你的一位朋友这样形容：蒙克不必如高更般到大溪地体验人的原始特性，他本身就拥有一个大溪地。

是的，你大抵是一位有着丰富内在感情世界的画家。在巴黎圣克卢的日记中，你写：不再绘画室内人在阅读，或妇女在编织的情景；要绘画有关活着的人的呼吸、感觉、挣扎和爱。你又说：我只绘画记忆，我不会在画面上添加任何没有看到的具体细节。是的，你的画充满强烈的色彩，且具象征意义。的确，在巴黎，你跟象征主义的圈子接近，你跟诗人斯特凡·马拉美是好朋友。巴黎是你的后花园——你观看每一位画家的作品，每一种风格都带给你不一样的体会——你取得不同艺术语言的养分。是的，你跟现代艺术接轨，巴黎的波希米亚对你造成影响，你以更明亮更快速的调子绘画颜色、线条和形态。而你在作品中呈现的，又是别样的北方氛围。

19世纪末20世纪初，欧洲工业发展经济发达，城乡生活与步伐急遽转变。彼时艺术呈现的现代性，有关城市，譬如建筑、街道、人群、商场店铺、商品、消费、日常生活、百姓平民。城市的发展越急速，步伐节奏越快，物质生活越丰足，人的距离越近，人的关系越远。借用瑞典作家奥古斯特·斯特林堡形容19世纪末那一个年代的话：人性从孤寂中醒来，发现自己如此无力，因为人已无法重拾先于感官经验的先天认知。是的，这划时代的人的精神状态：疏离、孤独。19世纪中叶，法国诗人作家查尔斯·波德莱尔·皮埃尔在南欧城市浪荡。他走进人群，一个人踯躅，观察、思考。他书写。漫游者是积极的愉快的。新世界新视野——巴黎是一个新世界。街道上风景，如此新奇多样。不到半个世纪以后，你在北欧城市浪荡。你走进人群，一个人踯躅，寂寞、软弱。你绘画。踯躅者是失望的沮丧的。相对中欧，北欧的风景充满神秘，大自然如光的变化也格外耀目。惊惧的忧伤的灵魂，无以寄托心情。你跟波德莱尔的分别大概在你们身处的语境：城市的兴起带来的热闹和兴奋，城市的发展带来的紧张与疏离。因此，欧洲的北方国度，譬如挪威的一隅，黄昏下，卡尔约翰斯大道上，你画一群人向前行，目无表情，而你一个人，反方向，踽踽独行。

是的，你绘画——或正视画面的一个骷髅模样，鬼魅的呐喊，或在高礼帽黑外衣的包裹下、背向人群反方向的踽踽独行者，另样的呐喊。画中人面向或背向天空宇宙，他冀望、他找寻答案，他或注视面前的宇宙天空，那是明灯、指引。你或想起年轻早逝的母亲、有精神病的妹妹，你或感触自己体弱多病的童年、孤独清冷的氛围。有关生存生命，你茫然、无力、失神、不知所措。你或感到无能为力，进退维艰。你的祈祷得不到回应，你的信仰动摇，大地不再予人回应。如此，1893年某日，你立于挪威一个城市的一个海峡湾的一座桥上——无以能够言述的寂寞、疏离、惊惶、恐惧。大地变色：血红的云天。人如同死亡而后褪掉肉身，剩下一副骷髅骨，掩耳张口、呐喊。寓言一则。现代启示录。

你绘画——你没有答案——你也不再提供答案。但，透过你的画，你呈现你的发现：在人的精神生命里，发现那非期待的瞥见，一个新的世界领域。换句话，你呈现一种内在情绪、内在经验。是的，你绘画的是个人历史的心理状态、北欧偏远冰冷国度一个时代的精神面貌。事实上，你的困境大抵是一个时代的困境。而有关这困境和这困境的符号，自19世纪末至今，仍未消退。

人感触、牵动，因为想象与创造——想象与创造是一整体

爱德华·蒙克《星夜》(*Starry Night*, *1893*)

的——你要想象创造一个新的人性的面向。你在找寻有关自己生命的问题的同时，你解开了有关一个世纪人类的问题。在你的创造与想象的艺术实践过程中，你不无挫折、不无被轻蔑、不无被误解。任谁都知道，反传统反主流是很不讨好的一回事，事实上，这可解说为：你是前卫进步的。是的，你安静或害羞，但恶劣的批评并没有阻碍你的创作，而且是更加特立独行的创作。19世纪末至20世纪初十多年间，你出门频繁，你在欧洲各地游历与学艺、展出和工作。1886年，你第一次到巴黎；返国后，你画了一幅自画像——你的头微昂、你的眼睛稍向下望、不无挑衅。自那个时候开始，你触及到了这份已经酝酿着的土壤——你准备打开一个门槛：那里或充满更深刻的探索与同时而来的更深刻的痛苦。前捷克艺术评论家萨尔达如此形容你：一位细腻的词人，拥有罕见而脆弱的魔力，又是一位迷人的诗人和画家，有着能洞察哀思愁绪的识见，抚慰人，令人着迷。是的，你的画都是有关内在世界的描述，充满叫人深思的象征意义。的确，19世纪末20世纪初，当画家艺术家们都向往麦加巴黎，你在偏远一隅说明了在巴黎以外创作的可能。

波兰作家斯坦尼斯拉夫·普里茨拜泽夫斯基曾说：过去的传统的艺术和心理是有关理性的呈现，新的现代的艺术强调个人。艺术家做梦——梦为他/她们开拓一个新世界，那里，他/她们用耳朵和眼睛去看他/她们脑海里、那现实中不能听到不能看到的物事东西。1997年，你过世逾50年，作者版权令在北美地区终止，超过200

多项跟《呐喊》有关的流行文化产品诞生——啊，现当代人都在呐喊——现当代人都需要呐喊。人群中，人联系着。而期盼，而疏离，拥抱虚空。凭借呐喊——而无声……一个时代有一个时代的标准，关于美，关于呐喊。你的呐喊跨过了一整个世纪，一直萦绕。

你的一幅画中的少女

亲爱的青春期的少女：

请相信我，你站立马路边不知道怎样横过马路——这，我是很明白的。但，我的确诧异——现当代人都在呐喊——的确，我没有想象过，那一个黄昏我站在城市峡湾一座桥上的呐喊，至今仍未消退。

爱德华·蒙克

18

瓦西里・康定斯基×加布里埃莱・蒙特

发信人

加布里埃莱·蒙特（Gabriele Munter，1877—1962）

德国画家

收信人

瓦西里·康定斯基（Wassily Kandinsky，1866—1944）

俄国抽象艺术

亲爱的瓦西里：

很久不见了。你好吗？你还在画画吗？我很久没有画画了。我记得在我们的工作室——你和我在欧洲绕了一圈，返到德国慕尼黑。阿尔卑斯山脚下巴伐利亚的小城穆尔瑙吸引我们留下来；在与世无争的世外桃源里，你努力创作。一天，我打扫工作室——你工作了一整天，疲累了，你到外头散步去。黄昏，你返回工作室，你看见一幅画，倏地，你跪下来：加布里埃莱——你喊叫我——这是我看过最美的一幅画。你流泪，说。大抵我在搬动东西打扫的时候，意外地把你一幅作品倒置过来了——在昏黄的朦胧的光线下，你没有认出被倒放着的你的画。而它是那么的美。你认为。原来，一幅画，去掉了主题没有了具体物象不必把真实再现，如此令人动容。那大概在1910年。

是的，你的画，可以如此这般看或这般如此看。我想起你曾经告诉我一件轶事。1895年，你在圣彼得堡一个展览中看到一幅画，你感到莫名其妙，你不无生气：画家画的是什么，我看不出一个头绪来——画家怎么可以这样不负责任，画一些我（们）看不明白那原来是干草堆的东西。是的，那是法国画家克劳德·莫奈画的《干草堆》（*Haystacks*）——莫奈先生啊莫奈先生，你画的干草堆，没有能够让康定斯基看得出是干草堆的画——这怎么了得！虽然莫奈先生画那干草堆距离你看到的时间大概只相差几年，但，他的干草堆有好多好多幅，不知道你看到的是哪一幅。而“这怎么了得”的不知是什么东西的画，一直萦绕着你。当然，其后你令人摸不着头脑看不明白的画，比莫奈先生的印象主义（Impressionism）的干草堆，抽象得有过之而无不及。

1866年，你出生于俄罗斯莫斯科一个中产家庭。小时候，你弹钢琴，你拉大提琴——音乐在你后来的艺术创作上发挥了一定的影响；十三四岁的时候，你用零用钱买来第一盒颜料——你对颜色非常感兴趣。但，你在莫斯科大学念的是法律与政治经济。是的，莫奈的干草堆叫你放弃了大学的法律教学工作——看过莫奈的画不久后，你离开莫斯科，你到德国慕尼黑艺术学院念艺术，那一年，你30岁。

19世纪末20世纪初，法国巴黎是很多外国年轻人趋之若鹜的艺术文化中心，但德国慕尼黑也是见证现代艺术发展的城市：象征主义（Symbolism）、新艺术运动（Art Nouveau）、野兽派（Fauvism）、表

克劳德·莫奈《夏末》(*End of Summer*，*1890—1891*)

现主义（Expressionism）、简约的抽象、原始的、中世纪的、东方的风格，等等，一切年轻新颖进步的可能，都吸引着你这位西来的学画者。你画画，你到处看展览；你谈理论，你创立艺术家杂志；你成立艺术家协会，你开办艺术课程，你搞展览。

你是第一位认真看待我的艺术创作的老师。我的背景你是很清楚的：我来自德国柏林一个富裕家庭，尽管那个年代的社会不鼓励女子接受教育，我的家人支持我的艺术创作，可惜当时德国的艺术学院不接收女生，我只好在一所女子艺术学校进修，但那都是较沉闷的课程。父母亲过世后，我得到一笔遗产，我到美国居住了两年。20世纪初，我返回慕尼黑，我到“方阵画会”开办的艺术课程学习绘画雕塑版画和木刻等技巧。

那是德国的表现主义发展的年代。你热切关注且积极参与有关的活动。1901年，为拓展画家的艺术专业，你跟志同道合的朋友组成“方阵画会”（Phalanx Artistic Association）。1905年，第一个有关表现主义的“桥社”（Die Bruke）成立。“桥社”画家们的实验风格跟法国画家亨利·马蒂斯的野兽派有相近的地方：以直接自觉的情绪、丰富强烈的色彩、不重视比例透视等技巧，呈现扭曲变形的效果。但，野兽派画家追求艺术表现的愉悦经验，而“桥社”植根于对社会的关心，呈现现实中的不安与忧愁；他们欣赏挪威画家爱德华·蒙克那凭借幽灵般的人去描绘一个世代的空洞与疏离、怪诞和荒谬。1909年，“慕尼黑新艺术家协会”（Munich New Artist's Association）在你的协助下成立，追求艺术革新。1911年，你跟弗朗兹·马尔克和奥古斯特·麦克另行组成“蓝骑士”（The Blue Rider）——你们都喜欢蓝色：希望、简朴、心灵上的；马尔克喜欢马，而你爱有关骑士的主题。马和骑士是分不开的。骑士骑在马上，在希望的蓝色的理想中奔驰。你们相信艺术要强调抽象的精神状态，片断的经验得从客观世界释放出来。你们认为画者画的是思想情感和感觉，观者要学得心领神会。你们重视不同范畴的艺术，如儿童艺术、原始艺术、音乐等。除了出版《蓝骑士年鉴》（*Blue Rider Almanac*），几年间，你们举办过十多次展览。

你的一幅作品也叫《蓝骑士》（*The Blue Rider*）。青蓝的远山，高耸的树木，一个穿着蓝色披风的人骑着一匹白马在绿色大草原上奔驰，蓝色的天空有几片白云。画的颜色涂画得有点模糊有点朦胧，这大抵是你由写实转化到抽象的一个实验。是的，你的画起先是较写实的。从莫斯科到慕尼黑再到欧洲其他国家，你发现保罗·高更、文森特·凡·高、乔治-皮埃尔·修拉，你认识亨利·马蒂斯、巴勃罗·毕加索，未来主义画家也曾在慕尼黑展出，这些不同理念的画家的绘画风格让你体会到色彩在构成中的重要位置。其后，你不再画写实的人或物；你的画以线或几何状涂画；你涂画的色彩变得自由奔放。渐渐地，你的画的抽象成形。是的，在现代艺术的领域上，你是抽象艺术（Abstract Art）的先行者之一。

画画，由写实至抽象或什么类别形式，都有一个锻炼一个过程：

由历史传统到社会客观处境个人主观想象、由说故事般的由头到尾或由尾到头到意识流、由清晰有条理到稍加变化、由片断而细碎到综合。对你来说，艺术不是对客观自然的模仿，艺术是抽象的、内在精神的表现。

20世纪的艺术不再是对现实的模仿，而是对现实一种内在逻辑和思考的创作。现代绘画不再是重现眼前所见，而是呈现可想见的。世界的东西物事，线条，有机、有生命、富想象力。一切都由一点始起——点是绘画中最基本的元素——点连点划成直线、斜线、曲线、弧线，制造圆形、三角形、四方形或多边几何形。如此，空白的画面变得实在。你画的点线面是形和色的结合；但，你所画的物又独立于物本身的形和色，即你描画的不是对现实的临摹，你以点线面呈现的形和色都是情感的表述。的确，每一样形体或物体都在诉说一些东西事情。我们看一件作品，我们被画面上的线条和色彩吸引，我们会感到欢愉或悲伤。那是身体以外的体会。欢愉和悲伤可以持久、深厚，可以带来对灵魂的震撼。换句话，形与色可碰触灵魂。那可碰触灵魂的，是你强调的内在的艺术精神。如此，对看不明白的画作什么的，或抽象或概念化，我们不去（看）明白它，我们感受。

是的，每一样物体都有内容。你把这物的内容形容为内在的音响。音乐是你的创作源头之一。跟提出“绘画就像带一条线去散步”（drawing is like taking a line for a walk）这概念的保罗·克利一样，你爱音乐；好些你的作品都以音乐有关的名称命名，如《即兴》（*Improvisation*）、《结构》（*Composition*）。奥地利作曲家音乐理论家阿诺德·勋伯格和德国作曲家威廉·理查德·瓦格纳对你影响至深。你形容：小提琴，那深沉的提琴的音调…… 那里，我看到我所有的颜色…… 那几近疯狂的线条，就在我面前。你又写：色是琴键，眼是琴槌，灵魂是有着许多弦线的钢琴。对你来说，所有的艺术形式，包括音乐，都包含点线面的成分。个别的音质是点，组成的一段音质即旋律是线，群组的音质即和声是面。黄色，是琴键上的中央C（Middle-C），黑是终极。如此类推。你说你看见颜色如听到音乐：粉红，丁香紫，黄，白，淡草绿蓝，火焰红…… 每一个色调都是独立的歌声。单一的颜色，冷，或暖。暖的虽远而近。冷的即近却远。红是暖是生命是活动，充满生机。黄是地是泥土。蓝是天上的是空间。白是纯净是可能。黑是无是结局。不同的颜色放在一起，如何置放，冷暖明暗，相互关系。色的调，如音的质，色的深浅，如音的高低，色的浓淡，如音的大小。

你把绘画语言符号化、音乐化；绘画语言变成了如流浪般的自由，一种充满无限性的追求与体验。是的，画笔是你的指挥棒，色彩是你的音符。有时候我在想，你的手在琴键上，在一个一个的琴键上，抚扫弹奏，对灵魂制造震荡 —— 而萦绕。

法国哲学家亨利·米歇尔曾说：康定斯基认为抽象是绘画内容必要呈现的，即呈现我们那看不见的内在生命。内在化的是看不见

瓦西里·康定斯基《骑士》(*The Rider*)

的，看不见的是生命本质，生命本质是感情，感情是抽象的。文艺复兴时期的画家告诉我们，绘画是通往现实世界的一只窗口——打开窗口，看街道上的人，画家画街道上的情景。今天，你说，打开门，走到街道上去，跟人在一起，画家画走到街道上去跟人在一起这个体验。或者可以这样说，前者是古典的写实描绘，后者是抽象的绘画表现。

浩瀚的书丛里，有一本你在1912年写的《论艺术中的精神问题》（*Concerning the Spiritual in Art*）——这书是你多年来的艺术实践与理论：有关形与色的语言和感知、有关艺术家的角色。艺术家是先知——艺术家站在一个如金字塔的顶点，今天他要创建——那明天的事情。你这样说。理论，从来不是空穴来风虚妄而成。理论的成形，因为实践，因为实践的累积、沉淀、成熟，因为思考、反刍、辩证。实践创作，因为创作者情感的需要因为内在的使命。创作者要做实验：他/她呓哦、表现抽象——他/她寂寞孤独——别的人不明白他/她。是的，今天的大胆前卫，或将是明日的普及；他/她今天的前瞻性不被接纳，未必不会变为日后大众的准绳。

是的，现当代画者创造的，我们看不明白，我们笼统地称为抽象。抽象，20世纪20年代苏俄官方评为是对社会主义的祸害——跟克利一样，你在建筑师沃尔特·格罗佩斯于德国魏玛创立的包豪斯建筑设计学院执教，至1933年德国纳粹掌权为止——你的作品被纳粹形容为“堕落的艺术”（Degenerate Art），很多你的画都被摧毁——你知道，我把你的一些作品保存下来。其后，你移居法国。你继续你的抽象艺术。

在巴黎或在小城穆尔瑙的工作室，你画。点线面的有机生物型态、明亮律动的色彩，那里面有俄罗斯的民间故事、斯拉夫文化的影子，的确，画里头有许多可能的故事，只要我们用心去看、去听。我知道，晚年你画有一幅黑色背景的画。黑是终极。终极——静默。在终极的黑的旁边，一切的色彩都在回响。很大的反响。让我们听——

我想起另一件轶事。你在阿尔卑斯山脚下小城的工作室工作。你要画唤起有关洪水、洗礼、毁坏、新生的感觉——这一切都要同一时间在画面上发生——你不知道这已经试验了好些日子的画被什么卡住了，无法继续。你被自己的聪明理智阻碍了——我在你身旁，说：重复“洪水”二字，不去想它的意义，只听它的声音——你梦呓般地重复。你重复你的梦呓。然后，你画了《结构第六号》（*Composition VI*）。是的，干草堆给你的启发，物象的客观具体呈现，许是不必要的。那是很久以前的事了。

加布里埃莱

亲爱的加布里埃莱：

我们被作品画面的线条色彩吸引，我们感到欢愉，我们感到悲伤。欢愉和悲伤可以带来对灵魂的震撼。即形与色可碰触灵魂。那可碰触灵魂的，是内在的精神——内在化的感情是看不见的，感情是抽象的。在小城穆尔瑙，我们绘画我们谈理论。我画大幅的作品——我以颜色和线条去表达我的感情。的确，抽象是那么美丽的一回事。抽象使世界变得极富想象力。抽象让我们自由，如果我们愿意用眼去想、用耳去看、用心去听。谢谢你。

瓦西里

19

皮特·蒙德里安×可可·香奈儿

发信人

可可·香奈儿（Coco Chanel，1883—1971）

时装设计师

收信人

皮特·蒙德里安（Piet Mondrian，1872—1944）

荷兰风格主义

亲爱的皮特·蒙德里安先生：

最近我走经一个大城市。我在地铁车上。坐在我身边的一个孩子的手握着一个立方体，红黄蓝绿白黑色，在扭呀在转的。这是20世纪70年代匈牙利建筑师、雕塑家鲁比克·艾尔诺的设计——他出生那一年你刚过世了——因为是艾尔诺的发明，那小东西的英语就叫Rubik's Cube，中文译做“魔方”。我看见那红黄蓝绿白黑的魔术方块——我不禁想起你。那个年代，很多人双手都握着这么一个小东西，扭来扭去，就像现在人人对着一部智能手机的屏幕按来按去、拨去拨来，低着头、很专注的。我吃吃地笑。有点无聊。

我在大城市的书店看书报杂志（香港人叫作打书钉）。一件头的筒裙又流行起来了。我又不禁想起你。20世纪60年代，法国时装设计师伊夫·圣罗兰把你的画放到他的筒裙上——“蒙德里安日间连衣裙”（Mondrian Day Dress[①]）—— 真不可思议，我说的是把你的画穿在身上。你可以想象，我只会穿上我自家设计的黑色连衣裙LBD — Little Black Dress —— 那很多女子趋之若鹜的衣裳。的确，自20世纪20年代开始，谁会没有一件像由我可可·香奈儿设计的LBD呢 —— 试想想，穿着一件黑色连衣裙，我们出席葬礼，我们出席派对，上班，上街买东西，饮咖啡喝酒，闲逛。黑色连衣裙从不过时。当大家认为圣罗兰如何借用你的画放到筒裙上如何修饰女性不够标准的身型或者如何男服女穿如何解放女性时，我轻舟已过万重山了。

我知道我说得远了，但，你知道，我对你并没有不敬之意。你的画你的风格派艺术，实在叫人百看不厌。对呀，风格派是多么的有趣 —— 画面以垂直或横向的黑色线条划成不同大小的方块，方块以或红或黄或蓝或白色填充，简单整齐干净，却倒是有点抽象。你走向风格派如此抽象的路，又不是无迹可寻的。

1872年，你出生于荷兰阿默斯福特一个严谨的新教派家庭。你父亲和叔父都爱艺术、爱画画，你顺理成章地受到他们的熏陶。1892年，你到阿姆斯特丹国立艺术学院接受训练。你画风景：田野河流、森林树木、房舍、风车。你的画是典型学院派的写实主义，你的色彩广阔，你重视细节的描绘。因着荷兰对艺术的开放，你接触到好些重要的画家：爱德华·蒙克呈现的情绪氛围、乔治-皮埃尔·修拉

① 设计师Yves St Laurent运用蒙德里安作品元素设计的时装。

的点彩法、文森特·凡·高借着强烈的色彩表达情感、亨利·马蒂斯在视觉上解放色彩，等等，都对你有着正面的影响。事实上，但凡19世纪末20世纪初的种种艺术——自然主义、象征主义、新印象主义、后印象主义、野兽派，你都有所体会。如此，你的作品的形与色变得直接、简洁。直至你接触立体主义，你的风格派特色渐趋成型，自成一格。

啊，立体主义，那20世纪初在巴黎的一项艺术革命。是的，自19世纪后半叶以来，巴黎渐渐成为欧洲现代艺术的重心，画家、诗人、作家、评论家、摄影师、艺术家们都聚居在塞纳河的左岸和右岸，好些荷兰画家在巴黎生活，他们看到不同的艺术创作与改变，想要把现代艺术介绍到荷兰。1911年，阿姆斯特丹一间画廊展出当代画家的作品；你看到巴勃罗·毕加索和乔治·布拉克的实验；你的震撼是明显的。立体主义的本义：明白物的真实性；物在画面上的立体语言。那追求物的立体客观正是你想要找寻的。立体主义吸引你移居到巴黎，在那里，你接触艺术家画家，你看艺术作品，种种的新奇大胆与可能，都让你大开眼界。是的，你对立体主义很感兴趣，你在立体主义的理念和创作上吸收养分，但，你没有走向追求形体分析的道路，你从立体主义中脱离出来，向一条更抽象、更纯粹的形式和色彩表现的路进发。

我看你画的树。树是你一个常用的题材。打从你早期的风景树木到1908年的《黄昏——红色的树》(*Evening–The Red Tree*)到1912年

皮特·蒙德里安《黄昏——红色的树》(*Evening–The Red Tree*, *1908—1910*)

的《银色的树》(*Silver Tree*)或《成熟的苹果树》(*Apple Tree in Bloom*)或《灰色的树》(*Grey Tree*),等等——你从写实主义走到野兽派再走到立体主义,那里你再转化到抽象几何的呈现。我想象——你在画树:面前的树和它的空间——树和空间是一整体的物——你去掉物的具体形状,你放下物的重量,你摒弃物的质感。物,以线画成。线,可粗可细,上下左右,垂直或斜角、弯曲、弧形。你的树和其空间已然一个简单而纯粹的线条造型。你思考如何把你的世界在绘画中呈现真实而新的造型。

第一次世界大战期间,荷兰是中立国,你从巴黎返回荷兰。战争叫人感到悲哀。你相信艺术可以协助建造新的世界观,创造新的生活——和谐有秩序的造型结构、自然和精神的结合、物质与思想的平衡——如此,人从悲哀中得到解放。这都得到提奥·凡·杜斯堡、巴特·范·德·莱克和格里特·里特维尔德等画家建筑师设计师的认同。事实上,杜斯伯格对瓦西里·康定斯基抽象概念的应用、莱克在画面上强调平涂色彩等的理念与实践,都对你产生一定的影响。跟好些其他前卫艺术的信仰一样,你们要打破传统、教条、个人优势。1917年,你们创办了期刊《风格》(*De Stijl*);你们发表有关风格派的理论及宣言:反战、反个人主义,宣扬和平团结。你们强调世界性的价值,透过艺术创作将人的精神世界升华。世界以直线、横线、三原色组成;是的,一切物象都还原为线条、几何形状和色块,一切都是简单原始纯粹抽象的。新文化新造型的风格派艺术成型。

De Stijl的英语是The Style，即风格。De Stijl，风格派运动，又叫新造型主义。新造型主义源自荷兰神智学家肖恩梅克斯的用词，它的原义是：世界的新影像。神智，即神圣的智慧，是综合宗教、科学与哲学来看视宇宙和生命的关系的学说；简单说，探讨自然与人的关系。是的，当你思考人的存在价值的时候，神智学为你提供有关未来世界新形象的冲击：透过直觉沉思，聆听大自然，如此可以明白现实世界的结构和秩序。在这样的理念基础下，你对树简单而纯粹的线条描绘，或有着某种象征意义——树从地上的土壤走出来，生长、延伸、向上；树，是大自然与大自然力量的表现。那物与大自然的关系，你呈现得直接而抽象。

法国诗人纪尧姆·阿波利奈尔曾说，立体主义对你的影响是明显的；但，你的作品又独具个性。的确，风格派吸取了立体主义对物的逻辑分析和康定斯基的抽象音乐绘画概念，跟建构主义、纯粹主义或表现主义等艺术理念一样，把本来具颠覆性的艺术改革转化为对美学的探索。是的，在风格派的理念探讨上，你是积极的，在风格派的作品实践上，你是进取的。你描绘呈现的，是更进一步的纯粹和抽象。你相信：艺术要破坏稳定的静态，建立一个有活力的平衡——线框和色块——万物由一点始起。点连点，成线。直线，垂直的线横竖的线。线连线，成框。三角形四方形多边几何形，由点而线而面，线性的几何，几何的世界空

皮特·蒙德里安《构图II：红蓝黄》（*Composition II in Red, Blue, and Yellow*，*1930*）

间。空间世界，颜色在其中游走。颜色，来自大自然，由是，红黄蓝白黑。如此，色块区分空间，也组成空间。有色则为实，无色所谓空（间）即是虚。世界虚实空间的定位定义，简单不过地在一条一条的线和一片一片的色。在线框和色块中，人观看，人感觉——线和色的韵律、变化和秩序。如此，人的世界（的眼界）是自由的。

第一次世界大战后至第二次世界大战前，你居住在巴黎。这是你的风格派作品的丰收期。是的，你的作品繁多，看似差不多的又各不一样。那里，几组黑色的线条划开了几个不同的颜色界面，简单、纯粹，又充满可能的想象。一切看来都有秩序有节奏有动力，旋律轻快，和谐平衡。这是你对普世价值的美的表现。第二次世界大战期间，欧洲的政治状态改变了，社会秩序混乱了，艺术文化倾轧了；跟好些人一样，你受到整个环境氛围影响，你画得不再轻松快乐，相对粗黑的线条操控了画面，线条与色彩仿佛也变得沉重哀伤。1940年，你移居美国纽约，没有战事纷扰的国度，高楼大厦，发展中的城市，五光十色的大都会，现代化的设计，你画有关城市发展。城市里头，一件、一个、一座、一排。东西物事，前后上下左右，新的在老旧中穿梭。连接，高耸，空间里画着一条一条线。高度密集。物事东西，一个一个几何的框与格，线与色块。你在作品上呈现的线条相对多了，画面变得丰富活泼；你的作品恢复以前的轻快明亮。你画——你或迷惑于城市的纵横交错的发展；你叫人在蛊惑人心的城市中的缝隙看世界。是的，大城市让你的神经震动。你画。

我爱在大城市中闲逛。在首饰店的橱窗，我看到一张照片海报：一个身穿黑色裙、头戴黑帽、颈项挂着几串珍珠链、坐在一张无靠背的椅上的女子，她两手叉在两边裙袋，口含点燃着的长烟，下巴微昂，左侧面向着镜头。这是美国摄影师曼·雷在1935年为我拍下的照片。亲爱的蒙德里安先生，是的，黑色衣裙衫、裤裙袜、高跟鞋、手袋以外，我还有化妆品香水香奈儿五号，还有首饰珍珠项链，而且是赝品。我的名言之一：如果没有模仿，哪里会有时尚？是的，模仿，是时尚。身上一件设计剪裁简单的黑色连衣裙，颈项挂一串珍珠链，真假难分的，我改变了一个时代的女性的时尚。

而你，你的画你的思考影响着一整个时代的人。现代设计，或时装或建筑或日常用品灯饰家具沙发台凳，等等，都会发现风格派的踪影。是的，有一天，我在大城市中的百货商场闲逛，我又发现你的画—— NIKE Dunk SB Piet Mondrian[①] ——你的画被放到球鞋上去。我看望周边，看谁人会对你的鞋产生兴趣——谁人会看得懂你。物转型，新的造型——世界的物事，在一双球鞋上发生变化。是的，物有传统。不忘传统，是美丽的。突破传统，更美丽。而你的作品你的思考影响着一整个时代不同的东西物事。Mondrian Day Dress

① 一款运用蒙德里安作品元素设计的耐克鞋。

我是不会穿的了，这样的一双球鞋，也不是我的一杯茶。当然，摆放在家里去倒是可以考虑的。

可可·香奈儿

亲爱的可可·香奈儿女士：

白色是基础。如果我没有记错，达·芬奇说白色是所有颜色的最初的颜色。画/布是白的。在其中，画家画他们见到的世界。我的世界，是一个以线框和色块制造的有活力的平衡。当然，你大抵是对的：黑色连衣裙的可用性非常高。黑，毕竟是所有可能（的颜色）的总和。

皮特·蒙德里安

20

马塞尔·杜尚×萝丝·瑟拉薇

发信人

萝丝·瑟拉薇（Rrose Selavy）

杜尚一件作品的女性化名

收信人

马塞尔·杜尚（Marcel Duchamp，1887—1968）

法国达达主义

亲爱的马塞尔·杜尚先生：

好多年以前，我到法国巴黎旅游。一天，我逛卢浮宫。我逛到达·芬奇的《蒙娜丽莎》（*Mona Lisa*）那里去。不过，来观赏这幅自1805年保存在卢浮宫的画的人实在太多了。我依稀记得画前有一块玻璃幕屏，我挤在一大群人里，我在人群中踮起脚左看右看远远地看，但什么都看不到，不一会儿却又不知不觉地被挤到人群后去——还好我的假发假眼睫毛高跟鞋帽子等并没有被挤掉。亲爱的杜尚先生，有时候我在想，那在1921年，你将我如此打扮，请来美国摄影师曼·雷给我拍照，又给我萝丝·瑟拉薇的化名，是不是想我去打开《蒙娜丽莎》身份之谜：人说画中人物弗朗西斯科·戴尔·乔孔达的妻子，即本名是丽莎·格拉迪尼的女子，是雌雄同体亦女亦男；人说她怀孕因为她的颈项胀大；人说她是达·芬奇的母亲；人说她是达·芬奇他自己；人说她神秘她微笑。

《蒙娜丽莎》是达·芬奇于1507年完成的画作。达·芬奇是意大利文艺复兴时期的重要人物。他游走于画家、科学家、工程师、解剖学家、天文学家、发明家、哲学家等不同的角色范畴。达·芬奇是一个左撇子。你知道，左撇子用水墨书写时，很容易会揩擦到刚刚着的墨，导致书写得一塌糊涂；由是，达·芬奇书写的方向，由右至左。他亦可以镜子书写（mirror writing），即他由右至左的意大利文是反过来写的；如此，人们得要靠一面镜子的反映来阅读。他的笔记里，满载着一般人看似奇奇怪怪的密码符号，那是他自行创作的省略式的意大利文速记。涂鸦、记录、个人的、私密的——我不想你知道我在写些什么，我写的，密语，你要偷看，那请看吧（达·芬奇他或哂笑）——

一件作品，总会有一些弦外之音。无论手高手低经意的不经意的，可以或不可以言述呈现的，作品或留一小撮尾巴一点痕迹，让人猜度。《蒙娜丽莎》她（神秘）微笑。扑朔迷离，似是而非。人们又故弄玄虚。

你学得故弄玄虚——1919年，在一张《蒙娜丽莎》明信片上，你用笔在蒙娜丽莎的脸上画了一撮胡子山羊须，你在画面下方写了L.H.O.O.Q.几个字母——这几个字母的法语读音连起来的意思是：她的屁股热烘烘——我可以想象，无论是蒙娜丽莎还是达·芬奇，都会被你气得七窍生烟。但，我知道，这是你所谓"反含意"的举措。是的，你对画的题目很感兴趣，但，事实上，它没有什么意思，只那反含意的串连，看来更具诗意而已。

一切都在巴黎开始。1887年，你出生于法国诺曼底的布兰维尔。你家境富裕，外祖父是著名雕刻家，一家人都爱好文化艺术、琴棋书画。1905年，你到巴黎朱利安艺术学院念艺术。20世纪初，法国巴黎是西方艺术的重镇。按你的说法，在蒙马特，所有事情都带点波希米亚式——一个人绘画写诗弹琴书写，他或她就是画家诗人音乐家作家——艺术家们住在一起，交换相互的创作、发现、研究、疑惑；穷生活，穷风流，她或他不上班不工作，他或她要创作要拥有自由。这，放在今天，大抵还是如此，当然，这样的想法是有点天真的。但，你还是欣赏这样的生活。这个时候，你画了一些你形容为伪印象主义的作品。不久，你遇到野兽派——1905年的秋季沙龙中，亨利·马蒂斯的作品深深感动你。你画了一些野兽派风格的画。几年后，你看到立体主义的作品，你很感兴趣。那个时候，人说：巴黎塞纳河蒙马特山上居住着两个人物——巴勃罗·毕加索和乔治·布拉克——他们跟周边的邻居不相往来，也跟其他艺术家保持距离，他们像是两个拴在一起的攀山者，为20世纪初的绘画找寻物体的立体艺术语言。

是的，你被立体主义的精神吸引，你更爱它的技巧；你创作了一些立体主义的画。但你对它的热情很快便冷却下来。在你分别参与秋季沙龙和独立沙龙的展出之际，你在想着别的事情，直到1912年的独立沙龙——你呈交《下楼梯的裸女之二》（*Nude Descending a Staircase, No. 2*）。开幕礼前，负责人请你退出展览——立体主义的艺术评审认为你的画倾向未来主义风格。是的，同年二月，未来主义画家在巴黎的伯恩海姆·热恩画廊展出；是的，意大利画家在巴黎制造了很多声音和回响。在当时来说，独立沙龙是先进前卫的组织——谁说艺术没有主义之争，谁说艺术作品不被审查，谁说艺术是自由开放的。这被拒对你造成很大的冲击。

你离开蒙马特，你离开巴黎，来到纽约。1913年，《下楼梯的裸女之二》放到纽约军械库展览（Armory Show）。这里包罗了欧陆最前卫最进步最革新的艺术家的作品，你曾被拒的画作引来很大的反响。一下子，你成为引人注目的艺术家。这以后，你告别架上绘画（easel painting），做一个真正自由的艺术家。是的，巴黎独立沙龙对你的拒绝对你造成的冲击很大；这却叫你冷静下来。自1902年到1910年，“我不光是随波逐流，我是经过八年的游泳课程。”你这样说。是的，你很冷静：你要做艺术的反叛者——你要反抗你原来一直以为是自由的艺术家的行为。而油画，传统的艺术表现，不再是唯一的艺术形式、不再是你会采用的呈现模式。你知道，这不是突然的决定。

一切都发生在大战前后。第一次世界大战的战火在欧洲各国蔓延，人心惶惶。中立国瑞士苏黎世。德国作家雨果·巴尔开设文学俱乐部伏尔泰小酒馆——或举办画展或诗歌朗诵或舞蹈表演或开讨论会——是不在战场上的年轻文化艺术人爱汇集交流的地方。1916年2月一个晚上，罗马尼亚诗人特里斯唐·查拉一手在翻弄一本法德辞典，一手把玩着小刀，小刀不经意地落在“达达”（dada）一字上：

罗马尼亚语意谓“是的是的”，而法语解作“摇木马”——一夜间、一个偶然一个不经意，达达成为20世纪初一个举足轻重的艺术运动。

是的，大战摧毁生命财产，大战的残酷切断人的希望与未来，无以寄托的灵魂，愤怒不满，虚无失落。人要从新开始——反对战争、反对政权、反对资产阶级僵化的价值观。1918年，《达达宣言》——查拉说：达达没有什么意义。反对这宣言的，就是达达主义者。自由，无政府主义，可以和不可以，制造与破坏，率性或偶然。是的，与其说达达是一个艺术运动，它更像一个政治运动、一场意识形态的运动。反制度反传统反道德反秩序反逻辑反理性反艺术。又或者这样说，无论是写诗画画演出朗诵，达达追求的是一种无政府主义的生存方式，他们表达的是一种无政府主义的精神状态。

在不多远的巴黎，超现实主义在混沌中发酵。达达的出现，让超现实主义的信仰更牢固；超现实主义的精神领袖法国作家安德烈·布勒东给查拉写了一封信，对达达主义表示认同。布勒东理所当然的认为超现实跟达达会紧密联系起来——但，达达之所以成为达达，因为它反对一切，充满矛盾。超现实主义终究没有和达达主义一起上路。

差不多这个时候在纽约，法国画家弗朗西斯·毕卡比亚和你在酝酿被形容为“纽约前达达”。毕卡比亚的妻子后来回忆说，那疯狂的城市成为反对战争的有良知的人的避难所；那里炽热的氛围适合于反传统的反叛。是的，你反对传统，你要反叛。有关反的东西，反含意或反向思维，你发挥得淋漓尽致。当然，你最为人熟识的就是现成品（ready-made）的创造：《单车车轮》（*Bicycle Wheel*），一个置于白色高脚踰上的车轮。《晒瓶架》（*Bottle Rack*），一个用来晾干瓶子的金属架。《断臂之前》（*In Advance of the Broken Arm*），一把雪铲。《梳子》（*Comb*），一把梳子。《衣架》（*Trap*），一个衣架。《巴黎的空气》（*Paris Air*），一个用来放置溶液的玻璃容器。1917年，纽约独立艺术家协会的一个展览，你呈交《喷泉》（*Fountain*）——一个现成的白色的瓷便壶，你在便壶边签有"R. Mutt"和"1917"的字样——作品被拒。美国摄影师阿尔弗雷德·施蒂格利茨为作品拍照记录；照片曾刊载在你创办的杂志《盲人》（*The Blind Man*）。后来，作品遗失了。

你这些作品算是哪一门艺术——人大抵会认为你的所作所为是非理性的玩意儿。是的，这些那些东西都是你在巴黎这里那里买回来的小东西，你签一个名字，它成为一件艺术作品。是的，你的艺术作品看起来荒诞滑稽、不易解读。艺术是什么——独立艺术家协会宣称会展出所有艺术家提交的作品——艺术作品当然会被审查，艺术家当然要行走于恰当的主流的轨迹上。当然，有的艺术家在努力进行改革创新。但，对于同时代其他艺术家在画布上进行革命——如何开阔题材内容、如何从室内移到室外或从乡郊搬到城市、如何将色彩解放、如何摆脱传统透视和比例、如何呈现物的立体、如何丰富画面的厚度或层次感、如何呈现抽象思维与象征意义等，这一切一切，都还是对技巧的追求和赞美；你感到很不是味儿——画家艺术家们的一切革命，都还是在框框中。而你要跳出画框。

是的，架上绘画对你来说，毫无意义。你选择无个性的日常或工业用品，你要去技术、你要摆脱艺术家追求的美感或个人风格，的确，你的作品不存在工艺技巧、没有所谓标准美感、它或它的展出毫不显眼甚或被忽略。你在《盲人》中写道:《喷泉》是否R. Mutt制作并不重要；重要的是，他选择了便壶。是的，你认为艺术家不该参与制作，艺术家只做选择——这或这、那和那。艺术家为他所挑物进行符号化的过程。艺术家赋予物的意义。所以，你选择你的艺术；你尝试从既定的东西物事去定义你的艺术：你以既定的东西物事——诸如现成的便壶或残旧的明信片、积尘或生锈的日用品——去反对既定的物事东西；当原来的定义被否定了，即被指涉的“艺术”不再被设限为“艺术”，艺术的可能性和多样性便得以解放。是的，与其说你在创作艺术，你把创作实体中追求种种技巧形式视觉经验等，转移到创作概念的立论和思想的诠释。

你知道，要做一个自由的艺术家，就得放弃既往的艺术表现。你知道，要解放自己，你要完全忘记一切绘画风格和技巧。1923年始，你从画布画框走出来，彻底的反传统；有时候，你会造一点有关现成品的创作，其他大部分时间，你下棋。是的，你爱西洋棋。你曾说，棋局本身有一些极端美丽的东西，在于运动的领域。你又形容，不是每一个艺术家都懂下棋，但懂下棋的一定是艺术家。但，你不宣称自己在创作“艺术”作品。你说你喜欢呼吸甚于工作。是的，为了维生，你在纽约当图书馆管理员、你教授法文，你认为这样的生活很波希米亚式。你说：我最好的作品就是我的人生。

二次大战后，欧洲各国忙于收拾残局，在太平洋海岸另一边的美洲大陆成为安全岛。在一份安全安稳的国度，美国成为现代艺术的重心。是的，由14世纪末文艺复兴到20世纪第二次世界大战后，艺术由意大利佛罗伦萨到法国巴黎再转到美国纽约。艺术从画框走出来了——学院派贵族化的垄断被切断、传统的标准的美和技巧被去掉，由室内而室外、由画布颜料大理石雕刻刀到现成品，人拥抱艺术的多元多样化。是的，现成品是你的创作，而你也创作现成品。的确，俯拾皆是艺术品的世界，那要看创作者有多幽默多灵活。所以你说：我不相信艺术，我相信艺术家。

你是艺术家，不，你不是艺术家。你深思熟虑重视思想概念，不，你爱做梦你爱玩爱幽默。你是花花公子你是隐世逸士，你是绅士你也扮淑女——我想去掉你在我脸上画上的浓妆艳抹，返璞归真。20、21世纪，身份角色文化艺术多元跨学科跨领域，不能定义不需定义。是的，打从你放弃绘画开始，你的创作内容与形式总叫人耳目一新、意料之外。你反技术反艺术反偶像反崇拜，你的实验艺术却成为艺术家们的精神偶像，影响着往后几十年的艺术创作——现代、当代的艺术变得很多可能，实在是太多的可能——的确，谁敢说你跟达·芬奇相比，你的艺术态度不严肃不认真。

萝丝·瑟拉薇

亲爱的萝丝 · 瑟拉薇：

你何必介意脸上的化妆。你知道，你的样貌分别出现在一份杂志封面和一个香水瓶的标志上。你的名字是一件鸟笼作品的命题。我也以汝之名在一部电影作品上签名。还有，我并不故弄玄虚。我在蒙娜丽莎的脸上只画了少许胡须，那明信片甚至没有公开展览。是的，我在一件东西上签一个名字，它成为一件艺术作品——那是人们加诸其上的一回事而已。如你所说，我不相信艺术，我相信艺术家。

马塞尔 · 杜尚

21

贝尔特·莫里索×乔治·桑

发信人

乔治·桑（George Sand，1804—1876）

法国作家

收信人

贝尔特·莫里索（Berthe Morisot，1841—1895）

法国印象主义

亲爱的贝尔特·莫里索女士：

你好。很冒昧给你写这一封信——本来我是要写给克劳德·莫奈先生的。事情是这样的：我名叫阿曼蒂娜-奥萝尔-露茜·杜班，笔名是乔治·桑，这你大概较有印象。是的，我是作家。19世纪30年代始，我在巴黎生活。我爱打扮成男子模样在巴黎的大街小巷闲逛。我出入不同的公开场合，我尤其爱出席一些女性不能参与的活动。你知道，在当时的法国，我这举措叫人感到多么不可思议。是的，我是惊世骇俗的。但，我想告诉你，穿上男子的服饰、帽子和靴子，那踏实且愉快的感觉，尽管我是作家，也难以用笔墨形容。我从巴黎这头走到那方——这身装扮，轻松自在，无论何种天气，这里那里，我，无人注视、无人理会——我是一大群人中一点迷失的粒子。我像在世界翱翔。我说得远了。最近有人跟我讨论我那个年代的文学艺术、角色身份、印象主义什么的，又提到：观赏艺术在一位男士的陪伴下比独自一个人来得好。这是你说的话。因为我爱逛巴黎也爱艺术，人问我对这话的看法。

有关你的故事，我略有所闻。爱不爱男士相随，有没有同伴同行或者独自活动，这当然是个人偏好；但放在你我那个年代，这自有那个社会的文化语境。

1841年，你出生于法国谢尔的布尔日。你的父亲是高级军官，家境富裕，四姐弟中你排行第三,一家人在巴黎居住。上流社会的女孩子在家中接受教育；阅读、打扮、做衣服、跟家人出席各式宴会活动；女孩子要学习音乐和绘画，当然那是私人教授的。那个时候，无论是官方或私人办的艺术学校都不接收女学生；给女性学习的学校大多是教授女红刺绣等技艺。但，女性懂绘画是被称羡的，或铅笔或水彩或水粉画，细小一幅的，女性休闲地绘画一会儿或做些别的事情。是的，十九世纪五六十年代，女性要做画家，未免有点走偏锋；一个女子，尤其是上层阶级的，得要谨言慎行，独自到外头走动绝对是不体面的事——如果你没有男伴，你的姐姐你的母亲是你的同伴。人说成功男子的背后有一个女子，事实上，成功女子的背后都有一个女子，而艾玛就是你背后身旁的这个女子。是的，你跟比你年长两岁的姐姐艾玛亲密要好，你们出双入对，弹琴绘画，上街买东西到公园散步，如影随形。

你们曾跟随几位学院派画家学习。你们到卢浮宫观赏和临摹——卢浮宫犹如你们的艺术学校——是的，一方面，很多画家都

贝尔特·莫里索《母亲和姐姐（玛丽·约瑟芬和艾玛）》【*The Mother and Sister of the Artist*（*Marie-Joséphine & Edma*）、*1869—1870*】

到那里去观赏和临摹前人大师作品——你看到其他人的练习画作，如此可以砥砺交流。的确，多看多观摩是一个重要的学习过程。后来，很受当时巴黎前卫进步画家尊敬的让-巴蒂斯特-卡米耶·柯罗成为你们的老师，他带你们到户外写生，他指导你们色彩的运用，他给你们讲述当代的艺术发展。另一方面，沙龙聚会或社交晚会是当时上流社会时兴的活动。每个星期二傍晚，你的母亲会在家中举行晚餐聚会，邀请画家音乐家作家诗人等出席——这是你跟同代文化人交流的好机会。是的，你的视野不一样了，你的决心大了，你要看得更远你要懂得更多。但，1869年，艾玛结婚且住到乡郊，这个时候，你犹如失去了影子。

1887年，俄国画家玛丽·巴什基尔采夫的日记出版，其中她写道：我最向往的是一个人自由自在到处去——卢森堡公园、教堂、博物馆，日间在美术商店驻足观看、晚上在老街散步；不拥有这样的自由，那不是一个真正的艺术家。我们那个年代，做个自由自在真正的（女性）艺术家——难啊！你是认识阿黛尔·科隆纳的，这位为自己改了一个男性名字——马塞罗的瑞士雕塑家，特立独行，她是自由的，但种种闲言闲语在她背后飞扬。我或爱作男性打扮、在公众场合抽烟、谈天说地——那位法国诗人作家查尔斯·波德莱尔·皮埃尔对我很是反感。在《现代生活的画家》（*Painter of Modern Life*）中，他写康斯坦丁·居伊如何作为一个漫游者，观察绘画19世纪现代城市中的生活场景——但，我跟你说，那所指的是男子：男子自由上街、自由进出学校餐厅、酒吧咖啡馆、博物馆，而且可以是独自的。是的，女子解放自己，一个人上街，就得接受不被尊重的蔑视。也许，我或马塞罗的例子为你提供了借镜，你知所进退，你不池越你的阶级你的学养。你在你的绘画艺术中革命，静静的。

1864年，你们姐妹二人的作品入围巴黎沙龙。是的，官方主办的巴黎沙龙是现代画家被确认的一个重要平台。但，百多年下来，巴黎沙龙的传统制度变得保守僵化，无论是题材内容风格技巧或对传统继承等都有严格规定。早在1863年，一幅作品影响了艺术沙龙的发展。丛林里，中心前景，青草地上，坐着二男一女，旁边放有一些水果食物；两位绅士打扮的男子席地而坐；女子褪去一身衣物，赤裸裸地坐在左侧，右手托住下巴，望向画前；不远处的湖边，一个女子弓着身在洗濯——这是爱德华·马奈呈交给巴黎沙龙的《草地上的午餐》(*Luncheon on the Grass*)。可以想象，这样不雅的作品，当然被拒。其时，被拒的作品差不多有三千件——被拒的作品数目实在太多，艺术家们愤怒了，认为评审不公。第二共和国总统拿破仑三世好奇介入，认为公众有评审权。最后，被拒的作品放在一起展出，即“落选者沙龙”。

1830年，法国七月革命。欧仁·德拉克洛瓦画《自由领导人民》(*Liberty Leading the People*)。自由平等博爱的理念遍布法国触及欧洲。19世纪中始，哲学文学艺术追求破旧立新，革新的概念先锋的创作纷至沓来。马奈是在这样的氛围下绘画《草地上的午餐》——他不能

爱德华·马奈《手持花束的莫里索》（*Berthe Morisot With a Bouquet of Violets*、*1872*）

理解反对他的画的人和那因循腐化的社会价值。马奈的绘画艺术是优秀的；他亦是同辈中的领袖。1870年，亨利・方丹-拉图尔画《巴蒂尼奥勒的画室》（*A Studio in the Batignolles*）是很好的注脚：画室内，马奈坐在画架前，一手执笔一手执调色板，望向画前，旁边或坐或站着几位绅士画家：皮埃尔-奥古斯特・雷诺阿、扎卡里・阿斯特吕克、埃米尔・左拉、让・弗雷德里克・巴吉尔、克劳德・莫奈、亨利・方丹-拉图尔等。是的，这画说明了19世纪70年代巴黎的艺术景况。

事实上，部分画中人是“落选者沙龙”的一份子。画家，年轻、亢奋、积极、反叛，对于被拒被冷酷批评，他们悻悻然，他们继续反传统的绘画实验。巴黎克利希大街的盖尔波瓦咖啡馆是他们聚头谈论革新文化艺术的地方，有关独立展出的意念也在此萌生。

1874年4月，巴黎卡普辛大街摄影师纳达尔的工作室，第一个由画家自行筹办的独立画展。展览中，莫奈展出一幅有关日出的画。有人问，画的名字是什么？“噫，我没有想过，那是我对日出的印象。”莫奈这样回答。画的命名为《印象・日出》（*Impression, Sunrise*）。艺评家路易斯・勒罗伊苦嘲讽那的确是印象主义的玩意儿，一派模糊。相反，另一位艺评家儒勒-安托万・卡斯塔内里支持画家的作品，他认为要描述他们的成就，得要用一个新的名词——印象主义（Impressionism）：这些画家是印象主义者的意思在于他们并不是描绘风景，而是呈现有关风景缔造的感觉。是的，晨光、早霞，莫奈的日出也许促成印象主义的命名，几位核心画家往后的创作为印象主义奠定风格：克劳德·莫奈、皮埃尔-奥古斯特·雷诺阿、卡米耶·毕沙罗、埃德加·德加、阿尔弗雷德·西斯莱和贝尔特·莫里索——是的，印象主义画家中，你是其中一员，而且是唯一的女性，虽然你大抵没有出席在盖尔波瓦咖啡馆的聚会。

其后十多年，印象主义画家举办了7次展览。当时说来，印象主义只有很少的支持者；印象主义只有很少女性画家——来自美国的玛丽·卡萨特自1876年始参与印象主义的展览；女性画家只有很少的支持者。但，因为印象主义，画家解放了，女性解放了。

当代英国艺术评论家约翰·伯格曾说：印象主义的出现是一项解放。印象主义的革命性，在于它跟过去的艺术传统的决裂：历史的服膺宗教的垄断权贵的赞助；它对既定的因循的腐化的标准或价值、教条与制度，进行反思寻求改变。印象主义的现代性，不单在它创新的艺术技巧，还有它的题材内容方向态度：画者走出画室，画者走进咖啡馆酒吧餐厅，画者走到公园户外郊野。是的，受到巴比松画派（Barbizon School）和英国风景画家在外头写生的启发，你们走到户外。是的，印象主义画者从室内走出室外，如此，女性画家也顺理成章走到户外去。印象主义，有关现代社会的面貌，一个微观的视角，正视曾被忽略的日常生活内容。

现代城市生活，急速快捷多样；在大自然光的映照下，一切都显得稍纵即逝。画家要捕捉东西物事在如斯光影下的色彩面貌，绘画的笔触变得短小、快捷：一小撮一小块的色块、一小块一小撮的笔触，很多很多的不规则的、急速的、变化的笔触色块，在画布上运转、涂画、抹擦。画面变得松散、自由、有动感，满是颜色光影和大气的跃动。事实上，东西物事，不存在黑实的线条轮廓。画者以革新的方法画前人未画的、难以线性呈现的物件东西：人、物、衣服面貌表情、动作、水雾河川湖泊、草坪群山、灿烂的花朵、浓密的树和叶，都是对画者的挑战。

不一样的印象主义画家，绘画他或她心目中的现代生活——马奈画中产阶级时尚的场景；雷诺阿呈现巴黎酒吧餐厅咖啡馆热闹的景况；德加勾勒女子的肢体或舞动型态；莫奈、毕沙罗、西斯莱爱走到户外郊野描绘大自然；而你绘画女性的生活内容，室内的和室外的。是的，你不能如其他男子自由出入公共场所，你不会创作如马奈或雷诺阿绘画有关在酒吧工作或在舞池上跳舞的女子。是的，男性跟女性绘画的题材大不同。19世纪的法国文化给男女性不一样的社会条件角色身份。当男性画家绘画女子在洗澡宽衣等形态，你的女子含蓄在镜前梳妆而已——《在化妆间的女士》(*Lady at Her Toilette*)；《穿衣镜》(*Psyche*)；《镜前》(*Before the Mirror*)。当然，你有更多有关女子的不同生活形态：到公园散步在湖上划艇、在阅读或休憩或工作中、哺乳、照顾孩子、母与女、父与女等。

是的，那是现代生活的画家的视点——印象主义有一个解放的面向。跟以前的过去的，分离。印象主义是现代绘画的起点。你把

贝尔特·莫里索《摇篮》(*The Cradle*, *1872*)

不曾被勾勒的女性平常的生活模样，呈现在印象主义的语言中。当然，那是有阶级性的。

1877年的印象主义展览，有艺术评论人如此形容：在这群画家里头，有一位真正的印象主义者——贝尔特·莫里索。事实上，自1874年第一次印象主义展览，你被形容为一位叫人关注的艺术家。你的名字被记住了。是的，这之后，你是一位有被认可接受的（印象主义）画家。你走进历史。

在几次的印象主义展览，马奈并没有参与其中。是的，马奈对艺术学院的主导风格亦步亦趋；他对巴黎沙龙有野心。我知道你是非常尊敬马奈的；打从1868年你们相识以后，马奈非常欣赏你，他在一封给冯丹-拉图赫的信中提到你：很可惜她不是男子。1874年，你跟他的弟弟欧仁·马奈结婚。马奈曾给你画了好些肖像画，他为你绘画的比你为自己绘画的自画像还要多。马奈笔下，你明亮、美丽聪颖，而你绘画自己的模样，却显得模糊。

是的，在几幅自画像中，你的面目模糊。画中的你不完整、无语境、无甚表情。参差断裂的笔触，一切都在晃动中——那无不是你的印象主义风格的描画——你在那里，又不在那里。是的，你在一个温室的环境下成长，是的，你得到不同的支援与赞赏。自1864年的巴黎沙龙展出开始，你的艺术路看似无风无浪。但，对于你的创作，你不无矛盾不无恐惧；你对自己的要求高，你曾扔弃几百幅你认为不合格的画作。对于你的成就，你不认为是顺手拈来的。你曾在给艾玛的信中表示你的疑惑：这画，你所渴望绘画的，是在很多悲伤与困难中创造出来的。

是的，人大抵不会知道画者绘画一幅画所要付出的。很久以后，大约五十岁以前，你拥有自己的画室——你不再需要把东西杂物在起居室搬来搬去——一切在绘画中在思考中的都放在那里。这个时候，你大概在沙发上看巴什基尔采娃的日记。1894年，在你过世前一年，你拍下一帧坐在沙发上的照片：你满头白发，身穿白色的家居常服，你的右手放在沙发靠背上、托着头，休憩、从容。是的，你坐在那里，没有多余的背景没有不必要的装扮。你是一位画家。你静静地画画。虽然在你的死亡证上，你被描述为“无职业”。

握手。

乔治·桑

亲爱的乔治·桑女士：

谢谢你的来信。是的，在我的成长路上，艾玛一直是我的良伴。她结婚后，我的母亲会伴我出门。我结婚后，欧仁顺理成章成为我的同行。后来，我的女儿茱莉担当了这个角色。的确，同年代的绅士先生们可以独自上街——这，我当然羡慕。我听说，莫奈先生不会到蒙马特或蒙帕纳斯——对他这样的绅士，那里太波希米亚了。是的，跟莫奈先生生活在同一个年代，我感到高兴。对于他执持的创作母题，我很是欣赏。当然，我绘画的题材很不一样。经过三十多年的绘画后，我拥有自己的工作室——我相信我是应得的。我想好好地工作，直到生命的尽头。我希望这要求并不过分。

贝尔特·莫里索

鸣谢

书写不是我想象中会涉足的。这几年又写了一些。我是搞艺术创作的，所以，在这里，我以说说艺术来创作艺术。谢谢南方家园给予我开放的空间和信任。执笔时，发行人子华在另一边厢打气：那是既兴奋又痛苦的日子。意大利画家莫迪里阿尼指出：美丽，有一些痛苦的承载；这些承载是创造灵魂最美丽的表述。那是遥远美丽的国度；但因为书写，我翻看画家/艺术家们的故事，真正叫人思考触动。素昧平生的台湾资深媒体艺术人李梅龄老师对本书提供意见、给予指正、写导读《美好年代的纸上沙龙》，无言感激。谢谢台北市立美术馆馆长黄海鸣、《风雅堂》艺术总监彭怡平分别为本书推荐。最后，谢谢吴宁馨，她把我推介给南方家园。

铁葫芦

铁肩担道义　葫芦藏好书